THÈMES AVEC VARIATIONS

URSS : D'HIER A DEMAIN
Collection dirigée par Génia Lounguine

LETTRES D'AMOUR, réunies par Julia Voznesenskaya
URSS - Châtiment sans crime. Des prisonnières politiques témoignent de l'enfer des camps
traduit du russe par Génia Lounguine

A paraître :

LA VIE SANS LENDEMAINS, par Lev Razgon
traduit du russe par Anne Coldefy et Luba Jurgenson

RENDEZ L'ANGE, par Ilia Kroupnik
traduit du russe par André Markowicz

EROS EST RUSSE, par Valeria Narbikova
traduit du russe par Dmitri Sesemann

VERDICT, par Piotr Kojevnikov
traduit du russe par Anne Coldefy et Luba Jurgenson

LE POIDS DE LA HONTE, par Daniil Danine
Boris Pasternak et sa génération trahie
traduit du russe par André Markowicz

ALLER - RETOUR ET VICE -VERSA, par Dmitri Sesemann
traduit du russe par Dmitri Sesemann et Dominique Duteil

Titre original de l'ouvrage en langue russe:
ТЕМЫ С ВАРИАЦИЯМИ

Iconographie : archives et documents de l'auteur et de l'éditeur.
I.S.B.N. 2-7058-0207-X

Nikolaï Karetnikov

Thèmes avec variations

Préface d'Anatoly Kim

Traduit du russe par
Alexis Berelowitch

HORAY

«ДЕКАБРЬСКИЕ ВЕЧЕРА—IX»
в Государственном музее изобразительных искусств
имени А. С. Пушкина

«МИР ПАСТЕРНАКА»

ПРОГРАММА

28 декабря 1989 г.

КОМПОЗИТОРЫ — ПАСТЕРНАКУ

I отделение

С. ГУБАЙДУЛИНА. Струнный квартет № 3
Евгения АЛИХАНОВА (1-я скрипка)
Ольга ОГРАНОВИЧ (2-я скрипка)
Татьяна КОХАНОВСКАЯ (альт)
Валентина АЛЫКОВА (виолончель)

Н. КАРЕТНИКОВ. Восемь духовных песнопений. Памяти Бориса Пастернака:
«На постриг»
«Из пророка Софонии»
«Моление о спасении»
«Соборование»
«С нами Бог»
«От Матфея»
«Хвалите имя Господне»
«Отче наш»
Мужской вокальный ансамбль русской музыки
Дирижер Валерий РЫБИН

II отделение

Э. ДЕНИСОВ. «Рождественская звезда» для тенора, флейты и струнных на стихи Б. Пастернака
Алексей МАРТЫНОВ
Дмитрий ДЕНИСОВ
Московский ансамбль солистов
Дирижер Юрий БАШМЕТ

А. ШНИТКЕ. Монолог для альта и струнных
Юрий БАШМЕТ
Московский ансамбль солистов

Extrait de partition manuscrite de l'Opus 29.
Programme d'une représentation de *Huit Chœurs Religieux*
à la mémoire de Boris Pasternak, 28 décembre 1989,
Musée d'Art Pouchkine, Moscou.

Dodécaphonisme sériel

En mémoire de Daniil Kharms [1]

On connaît bien la formule,

Staline, c'est le Lénine d'aujourd'hui.

Et donc,
il est le Khroutchev de demain,
le Brejnev d'après-demain
et le Tchernenko d'après-après-demain.

Par conséquent, Khroutchev,
c'est le Staline d'aujourd'hui,
le Lénine d'avant-hier,
le Brejnev de demain
et le Tchernenko d'après-demain.

Quant à Brejnev,
il est donc le Khroutchev d'aujourd'hui,
le Staline d'hier,
le Lénine d'avant-hier,
et le Tchernenko de demain.

Cela donne que,
Tchernenko est le Brejnev d'aujourd'hui,
le Khroutchev d'hier,
le Staline d'avant-hier,
et le Lénine d'avant-avant-hier.

De sorte que,
Lénine c'est le Staline d'hier,
le Khroutchev de demain,
le Brejnev d'après-demain
et le Tchernenko d'après-après demain.

Etc...

Joseph Staline,
caricature par X.

Karetnikov en train de composer, 1970.
Page de partition de la suite *Tévié le Laitier*, op. 27.
Photo de l'écrivain Mikhaïl Boulgakov devant le programme
de sa pièce *La Fuite*, jouée au M.Kh.A.T. le 4 octobre 1928.

PRÉFACE

Esquisse en trois coups de crayon

Je savais que c'était le compositeur Nikolaï Karetnikov qui devait composer la musique pour le film Ma sœur Lyoussia *dont j'avais écrit le scénario. Cela n'avait suscité en moi aucune réflexion particulière. C'était également lui qui avait composé la musique pour les films* Till Eulenspiegel [2] *et* La Fuite [3]. *On ne peut dire que je fus frappé par le travail du compositeur dans ces films. Bien que ma mémoire ait conservé les chœurs religieux puissants dans* La Fuite *et qu'il me soit resté, après la musique de* Till, *le sentiment d'un espace déformé, tragique, inhabitable...*

Nous fîmes connaissance par hasard, à la station-service près de la gare de Riga, à Moscou. Devant moi, dans la queue il y avait une Lada de couleur claire, elle allait partir mais soudain elle s'arrêta. Un homme à l'aspect « contradictoire » en surgit : il était solide mais agité; son visage bien rasé et pâle avait quelque chose de hautain, de « racé », comme on dit, mais ses yeux clairs étaient vifs, sa bouche entrouverte, son sourire avaient quelque chose d'enfantin... Il m'avait reconnu d'après ma photo dans un livre.

Je me mis à fréquenter la maison de Karetnikov, à écouter sa musique chez lui. Je trouvais merveilleux les passages excentriques sur le thème de Tévié le Laitier *d'après Cholom Aleïchem . C'était une musique joyeuse, non sans ironie à l'égard de soi-même. Et j'écoutais à nouveau les chœurs d'homme de* La Fuite, *ils me laissèrent la meilleure des impressions.*

Et soudain, j'entendis quelque chose de parfaitement inconnu, où j'étais incapable de me retrouver. L'auteur m'expliqua que cette musique avait été écrite en utilisant les procédés de la dodécaphonie. Je n'arrivais pas à comprendre où avait disparue la mélodie et ce qui se déroulait à sa place devant moi.

Au lieu de me sentir pris par la mélodie et dissous en elle, puis d'en ressortir comme rénové, je sentis que l'on n'avait pas le moins du monde envie de me conquérir et de me dissoudre. On me prenait tout simplement, en entier, tel que j'étais, et l'on m'emmenait quelque part. C'est-à-dire qu'une fois de plus, je me trouvais devant un sentiment spatial. La nette perception d'un milieu matériel.

Je fus convaincu par la force vitale et l'authenticité de l'opéra Till Eulenspiegel, *en entendant l'enregistrement. Les chanteurs ne m'étaient pas connus. C'était étrange! J'écoutais une musique qui traduisait mes impressions auditives en sensations physiques et visuelles. Je distinguais la marche de la foule, les gestes du fou, je sentais les volumes des objets dont parlait la musique; je pouvais voir la distance qui me séparait de la ville qu'on était en train de regarder de l'autre rive; je ressentais l'oppression des voûtes sonores de la salle des tortures. Les mouettes criaient en volant au-dessus du rivage où Nele s'était éveillée aux côtes de Till et j'aurais pu dire quel en était approximativement le nombre.*

Bref, c'était une musique nouvelle, authentique, merveilleuse.

Et voilà que je lis ses Thèmes avec variations. *Des souvenirs qui s'élèvent jusqu'au genre de la nouvelle mais sans perdre leur innocence première. Comme le dit l'auteur: " Je n'ai pas inventé le moindre mot."*

Il n'a sûrement rien inventé, mais il a trouvé des mots simples et forts pour nous raconter ce que, nous autres, simples mortels, appelons l'Olympe: le monde des compositeurs, le monde des maîtres bienheureux et respectés.

Et que voit-on ? Cet Olympe se révèle semblable en tous points à notre pays ordinaire, avec ses nombreuses tares et souffrances, avec son Parti unique. Et le merveilleux compositeur Nikolaï Karetnikov, ce novateur, ce brillant représentant de la musique contemporaine est en même temps un homme soviétique ordinaire; C'est ce qui le marque et c'est ce qui fait sa force.

Sa vie a commencé par une frayeur mortelle et par une honte d'enfant... Il fut le secrétaire du Komsomol [4] *de sa classe au Conservatoire. Il soupçonnait certaines personnes d'être des informateurs et il fut lui aussi soupçonné. Il avait peur de ses chefs. Il haïssait les grands de ce monde qui faisaient régner l'arbitraire, l'illégalité et la mauvaise musique mais il allait leur présenter ses compliments au sein de leur cour...*

Et pourtant... C'est lui qui a écrit cette musique étrange et splendide.

Anatoly Kim [5]

МЕЛОДИЯ
СТЕРЕО A10 00509 005

Pochette du disque *Concerto Grosso n° 2* d'Alfred Schnittke.

Avant-propos de l'auteur pour le lecteur français

J'ai toujours été persuadé que les compositeurs ne devaient écrire que de la musique et je n'ai jamais imaginé que je pourrais faire quelque chose qui ressemble à de la prose. Un jour, on me proposa de rédiger de brefs souvenirs sur Heinrich Neuhaus.

Quand je remis mon manuscrit au responsable du recueil, je réalisai soudain que j'avais écrit en fait un récit.

Il me semble que les hommes si divers que j'ai eu à fréquenter, que les événements auxquels j'ai été mêlé sont intéressants et que même leur connaissance est indispensable pour une phénoménologie de notre temps. Je ne sais pourquoi j'ai retenu tout ce qui se passait et tous les détails des conversations. Par bonheur, la fréquentation de gens comme Youdina, Chebaline, Neuhaus, Galitch, Zeldovitch ou Gabritchevski [6] fait que mes écrits se distinguent tant soit peu du célèbre *De la décadence des mœurs en Russie* de Chtcherbatov [7].

Le lecteur peut avoir l'impression, après avoir pris connaissance de mes nouvelles, que j'ai été le seul à me trouver dans la situation exceptionnelle que j'y décris. Mes chers amis S. Goubaïdoulina, A. Piart, A. Schnittke, V. Silvestrov [8] se trouvaient dans la même situation.

Je pense que je n'ai le droit d'écrire que sur les événements que j'ai vécus moi-même ou dont j'ai été témoin. Je prie le lecteur de considérer tout ce que j'ai écrit « en prose » comme des documents : je n'ai pas inventé un seul mot.

N. K.

Maria Adrianovna Deïcha-Sionitskaïa dans le rôle de *Iaroslavna*
(*Prince Igor* de Borodine). En médaillon: Alexandre Borodine.

Koktebel, cimetière local,
à gauche : pierre tombale en forme de livre ouvert de Deïcha-Sionitskaïa,
au milieu : croix couverte, tombe de Elena Volochine,
à droite : croix sur la tombe de A. Gabritchevski.

Ma grand-mère, Volochine, et le vol à voile

M. Volochine,
silhouette par E. Krouglikova.

Ma grand-mère était une personne sévère. Un jour, Chaliapine [9], peut-être légèrement éméché, se mit, dans la scène de Galitsine et Yaroslavna, à entreprendre ma grand-mère d'un peu trop près, probablement pour donner plus de vraisemblance à la scène. En pleine conformité avec le livret du *Prince Igor,* grand-mère chassa Chaliapine de la scène à grands coups de gifles sonores. Le public était ravi. Après la représentation, Chaliapine vint présenter ses excuses.

Ainsi donc, ma grand-mère était une personne sévère. Aussi, quand elle se fit construire une grande villa à Koktebel [10], sur la mer Noire, à une cinquantaine de mètres de la maison de Volochine [11], il ne pouvait en sortir qu'une vendetta : l'idée que se faisait ma grand-mère du « bon ton » était rejetée de la façon la plus radicale par la bande agitée qui entourait Volochine.

Maria Adrianovna Deïcha-Sionitskaïa, artiste émérite des théâtres impériaux, était une personnalité qui comptait. Elle proposa à la mairie de Koktebel d'installer des écriteaux aux carrefours et croisements des alentours : *la baie des Grenouilles, le col du Nors, le col du Sud, vers Soudak, vers Féodossia,* etc.

Volochine ne pouvait tolérer une telle offense contre l'état de nature du paysage et il arracha en une nuit, avec l'aide de ses amis, tous les écriteaux et les détruisit. Ma grand-mère porta plainte et il s'ensuivit un procès qui traîna, pour le plus grand plaisir des habitants de Koktebel, quasiment jusqu'à la Révolution.

Deïcha-Sionitskaïa et Fedor Chaliapine
discutant avec un groupe d'artistes du Bolchoï, 1902.

Au cours de cette guerre, les victoires et défaites des deux camps ne manquèrent pas : le juge ordonnait de replanter les écriteaux mais les hommes de Volochine les détruisaient la nuit suivante. Il y en eut qui changèrent de camp : Alexis Tolstoï [12] vint pour la première fois à Koktebel sur l'invitation de grand-mère mais il ne put supporter longtemps les mœurs strictes de la Villa Adriana et « passa » dans la maison Volochine. Toutes relations entre les deux clans ennemis étaient rompues.

Cependant, lorsque je vins pour la première fois après la dernière guerre à Koktebel et me décidai à me présenter à la maison de Volochine, toutes les vieilles querelles étaient oubliées depuis longtemps. J'entrai et déclarai que j'étais le petit-fils de Deïcha-Sionitskaïa. La veuve de l'écrivain, Maria Stepanovna Volochine, me reçut amicalement, me présenta à tous ceux qui séjournaient à ce moment-là dans la maison et, surtout, m'autorisa à travailler dans l'énorme bibliothèque de Volochine. Pendant plusieurs années (tant que la vue de Maria Stepanovna ne baissa pas, ce qui permit à certains de mettre la main sur des livres et des objets dans l'atelier de Volochine), je pus, chaque été, presque quotidiennement, avoir accès à des livres qui étaient, à l'époque, parfaitement interdits.

Parfois, j'allais payer mon tribut à la nostalgie sur l'énorme bassin d'eau douce en béton qui occupait la place où, naguère, se dressait la villa de grand-mère.

Au début des années 1930, mon père, qui n'avait ni les moyens ni l'envie d'entretenir une énorme maison au bord de la mer Noire, la remit à l'Ossoviakhim [13]. La maison se transforma en un centre de vol à voile et entra dans l'histoire de l'aviation soviétique sous le nom de Villa Adriana. Beaucoup de célébrités, comme par exemple Korolev ou Rauchenbakh [14], y ont volé. Finale-

Villa Adriana. Koktebel, 1932.

Koktebel, 1987. La station de plein-air.
La famille de Karetnikov, sa femme Olga et leurs fils Anton et Kolia.

ment, on rebaptisa même Koktebel pour lui donner le nom de « Planeur ». Dans les années 1970, on reconstruisit le centre à un nouvel endroit, sur le plateau Stolovaïa ; à mon grand étonnement, le nouveau bâtiment reprenait le détail architectural le plus caractéristique de l'ancienne villa : chaque aile s'achevait en une demi-rotonde avec colonnade.

Un jour, à Moscou, alors que je bavardais avec le chef du centre de vol à voile de Koktebel, je lui dis que, dans ma tendre enfance, j'avais séjourné chez ma grand-mère, à la villa.

« Mais alors, vous êtes le petit-fils de Deïcha-Sionitskaïa ! s'écria-t-il. Vous seriez pour nous le plus désiré des hôtes. » Et il m'invita avec insistance à venir passer l'été en famille auprès de l'aérodrome de vol à voile, dans un cottage individuel.

Ce que nous fîmes. Nous y passâmes un mois enchanteur. À la fin du séjour, dans le cadre presque officiel du petit musée du vol à voile, on me remit, devant la photo reproduisant la villa de ma grand-mère, le diplôme d'aviateur d'honneur ainsi que la médaille commémorative des Soixante années de vol à voile en URSS. Or, depuis l'enfance, je souffre d'une phobie du vide et je ne me suis jamais élevé à plus de deux mètres au-dessus du sol.

Salon de musique

Une autre anecdote concernant Chaliapine m'a été racontée par mon père. Lui-même l'entendit raconter par ma grand-mère.

Au tout début des années 1910, après une première au Bolchoï, les interprètes reçurent une invitation pour participer à un petit concert privé chez un des riches marchands de Moscou, Mamontov ou Morozov, je ne sais

Fedor Chaliapine dans le rôle de *Galitski*. (*Prince Igor* de Borodine).

plus. Chaliapine fut le seul à réclamer un cachet. Le concert eut lieu, mais, dès que Chaliapine eut fini de chanter, il vit s'approcher de lui un laquais qui tenait dans une main un plateau d'argent avec les cinq cents roubles exigés et dans l'autre le manteau de Chaliapine. Il ne lui resta plus qu'à partir.

Le théâtre commence-t-il vraiment par le vestiaire ? [15]

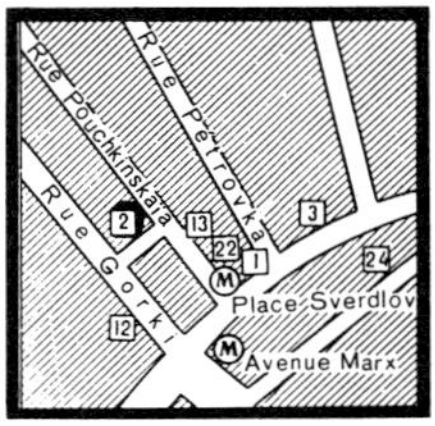

En mémoire de Sigmund Freud

Mes parents décidèrent de commencer le programme d'éducation culturelle de leur fils par *L'Oiseau bleu* au M.Kh.A.T. [16]. Le petit garçon de trois ans fut vêtu d'un ravissant costume marin, coiffé, pomponné et emmené au théâtre.

Mon ravissement était infini. J'étais pleinement convaincu de la réalité de ce qu'on montrait sur la scène et tout se passa bien jusqu'à la scène du « Palais de la nuit ».

Je restai pétrifié quand je vis soudain, dans la quasi-obscurité de la salle, voler des serviettes blanches, puis se déployer sur la scène les gigantesques toiles blanches coiffées de seaux blancs des esprits qui se mirent à voler sous les cintres. Mais le pire était encore à venir. Le cauchemar commença quand, accompagnée par le fracas et les cris de la bataille, la Guerre sortit par une trappe dans les reflets sanglants de l'incendie. Un énorme casque, visière baissée, et des gantelets exécutèrent une danse mécanique et marchèrent sur moi.

Je me mis à hurler et... mouillai ma culotte... Honte ! Honte à moi !

L'année suivante, malgré mes pleurs, prières et supplications, mes parents me traînèrent de nouveau à *L'Oiseau bleu*. Sachant à l'avance ce qui m'attendait pendant la mémorable scène du « Palais de la nuit », je décidai de me cacher derrière un fauteuil, mais les bruits terribles, mon imagination et les réactions de la salle firent leur œuvre et provoquèrent le même effet que l'année précédente.

Et cela se répéta d'année en année.

Théâtre d'Art (M.Kh.A.T.), fondé en 1898
par Konstantin Stanislavski et Vladimir Nemirovitch-Dantchenko.
Le sigle du théâtre symbolisant *La Mouette* de Tchekhov.
A gauche: fragment du plan de Moscou, le théâtre se situant au n° 2.

Quand j'eus atteint les sept années de l'âge de raison et compris que la Guerre ne pouvait m'atteindre, je décidai d'aller aux toilettes avant la scène de la nuit pour me garantir contre des réactions indésirables, malheureusement toujours possibles. Et ce n'est donc qu'à ma cinquième expédition au Théâtre d'art que je rendis visite à ce lieu.

Ce que j'y vis surpassa toutes les autres impressions, combien fortes pourtant, que j'avais déjà éprouvées dans le temple de Melpomène : je vis se dessiner dans la pénombre une longue et haute paroi (elle devait faire dans les six mètres de long et atteignait la taille d'un homme) en marbre noir veiné d'or. Des niches peu profondes y étaient creusées pour le confort des utilisateurs. Sur toute la surface de marbre courait de l'eau dont on ne pouvait repérer la source ; de plus, la paroi était éclairée par de douces lumières dissimulées par des visières, de sorte qu'elles semblaient immatérielles. Le mur tout entier vibrait, ondulait, scintillait.

Les parents de
Karetnikov en 1929.

C'était le paradis et il y avait quelque chose de sacrilège à faire ici ce pour quoi j'étais venu. Néanmoins je remplis mon devoir et je regagnai ma place, prêt à affronter les cauchemars qui allaient me guetter au cours du « Palais de la nuit ». De nouveau je tremblai de peur mais je ne me cachai même pas derrière le fauteuil.

Le pire eut lieu au cours de la nuit qui suivit. Je me réveillai dans un lit mouillé. J'avais rêvé que j'étais retourné dans ces toilettes, les plus belles et étonnantes au monde : la pénombre transparente, le marbre scintillant et le doux murmure de l'eau me convainquirent que j'étais bien là où je désirais aller. Je pris position devant une des niches et... horreur ! Je sentis qu'au lieu de se déverser sur le mur, tout coulait sur moi.

Honte et humiliation !

La nuit suivante, tout recommença. Le surlendemain également.

L'enfant était malade.

On me traîna chez toutes les sommités de Moscou. Ils fournissaient d'interminables recommandations et prescrivaient des tas de médicaments. Mais rien n'y faisait. Mes pauvres parents étaient au désespoir. Finalement je compris moi-même ce qu'il fallait faire. Durant deux jours, je me répétais sans cesse : « Si je vois cette maudite paroi, c'est que je suis en train de dormir. Alors, il faut que je me réveille, il faut que je me réveille. »

Les deux nuits suivantes, je vis à nouveau le mur de marbre dans mes rêves mais je sus me réveiller à temps. Il n'apparut pas au cours de la troisième nuit.

Alors, je vous demande : est-ce bien par le vestiaire que commence le théâtre ?

Quels peuvent être les effets d'une simple barre de fer ?

Karetnikov en 1942.

Je fus accepté à l'École centrale de musique par piston : à l'époque mon père avait un petit poste à la direction de la culture de la ville de Moscou.

Je fus inscrit en septembre 1942 dans la classe de violoncelle. Et une vie affreuse commença : j'avais déjà une oreille parfaitement formée mais mes doigts ne m'obéissaient pas et j'extrayais de mon instrument des sons si faux que tout en moi se révoltait.

Tous mes rêves avaient pour seul but de trouver le moyen de me débarrasser de cet instrument de torture sans que personne ne puisse me soupçonner de l'avoir fait exprès. Je cognais légèrement mon violoncelle contre les angles des maisons, les gouttières, les palissades, les poteaux, contre tout ce qui s'offrait à mon passage. Parfois cela donnait des résultats et, tant que le violoncelle était en réparation, je pouvais ne pas en extraire les miaulements habituels.

Le violoncelle était suspendu au-dessus de ma tête comme la hache du bourreau.

Ma situation en classe était tout aussi épouvantable. J'avais à mes côtés des élèves dont personne ne doutait qu'ils remporteraient un jour des prix. Ils jouaient vraiment bien et je me rendais compte que je n'avais aucun droit de me trouver parmi eux. Je devins nerveux, agité ; je développai un fantastique complexe d'infériorité.

Pour le compenser tant soit peu, je me mis à chahuter pendant les cours et j'étais souvent convoqué dans le bureau de la terrible directrice de l'école. Je fus à plusieurs reprises exclu pour quelques jours.

A la maison, j'improvisais sur notre piano. Encore aujourd'hui, j'ai chez moi le splendide Bechstein que ma grand-mère avait reçu en cadeau du propriétaire de la firme à la fin du siècle dernier. Il avait une sonorité magnifique. Je restais des heures à chercher des accords mineurs que je transposais d'octave en octave. Puis, de ces accords, se forma une suite qui possédait un minimum de signification musicale et c'est elle que j'écoutai bien des fois dans ma propre exécution. Un jour, ma mère, qui comme toutes les mères supposait chez son fils un immense talent, s'approcha doucement pendant que j'étais ainsi en train de jouer et me demanda avec espoir :

– Qu'es-tu donc en train de jouer, mon petit Kolia ?

– C'est de ma composition.

– Et comment ça s'appelle ?

Mes accords étaient de trois notes et le titre s'imposa de lui-même :

- *Les Trois Preux* [17].

Couvercle d'une boîte de cigarettes russes,
reproduisant le célèbre tableau de Vasnetsov, *Les Trois Preux*.

J'oubliai aussitôt l'incident.

Puis survint un événement qui modifia radicalement tout le cours de ma vie.

Un jour, en dégringolant l'escalier de l'école pour être le premier sorti, je heurtai l'énorme barre de fer dont se servait le gardien pour casser la glace dans la cour. Elle vint s'écraser sur mon pied. Je tombai, mes orteils prirent aussitôt une couleur bleue et me firent très mal. On m'expédia sur le champ à la maison en voiture. Je gardai le lit pendant une semaine. Le troisième jour, je reçus la visite du médecin de l'école. On savait qu'elle informait la directrice de tous les événements et conversations dont elle pouvait être témoin à l'école.

Elle admira mes orteils enflés, me dressa une ordonnance puis fut emmenée par ma mère à la cuisine. J'entendis derrière la porte le bruit d'une conversation animée mais je ne pus en distinguer les mots.

Là-dessus, la doctoresse nous quitta.

A mon retour, je fus convoqué, dès la première récréation, dans le bureau de la directrice. Je cherchai en vain à me rappeler, en chemin, ce que j'avais bien pu commettre qui expliquât une nouvelle réprimande.

Cette fois, je n'eus pas affaire à un tigre enragé mais à une mamie gâteau. Je la saluai. La directrice, tout miel, me regarda en souriant. Je me balançai d'un pied sur l'autre, ne sachant quelle contenance je devais prendre.

– Mon petit, commença-t-elle avec la plus grande des douceurs, on me dit que tu composes ?

Je continuai à passer d'un pied sur l'autre, ne sachant absolument pas ce que je devais répondre. A tout hasard, je grommelai quelque chose d'inarticulé.

– Alors, dis-moi, tu composes ou non ? me demanda-t-elle avec toujours autant de douceur.

Je compris alors quel avait été l'objet de la conversation qu'avaient eue ma mère et la doctoresse à la cuisine.

Le violoncelle suspendu au-dessus de ma tête commença à s'éloigner et à diminuer en taille mais je me souvins de mes *Trois Preux* et il se figea sur place. Il fallait utiliser la situation à mon profit. Je marmonnai à nouveau une phrase indistincte.

– Eh bien voilà, poursuivit la directrice, tu dois aller jeudi prochain, le matin, dans la classe de Vissarion Yakovlevitch Chebaline [18], le directeur du Conservatoire.

Et de nouveau le violoncelle commença à s'éloigner de moi.

– Et tu dois lui apporter tes œuvres.

Le violoncelle s'arrêta, hésita et revint au-dessus de ma tête, car je me rendais parfaitement compte que je ne pouvais même pas « me présenter à moi-même » avec une œuvre du genre de mes *Trois Preux*.

Néanmoins, j'émis un nouveau grommellement chargé de signifier que j'avais compris ce qu'on attendait de moi, marchai à reculons vers la porte et m'éclipsai.

Enfin se présentait à moi un moyen pour échapper à la maudite caisse que je devais scier quotidiennement par le milieu à mon grand dégoût. Trois jours durant, je suai sang et eau et endurai mille souffrances ; je maudis maintes fois le satané violoncelle qui passait son temps à changer de dimensions en fonction de mes succès dans la composition. Mais je parvins enfin à écrire seize mesures d'une sonate *Au clair de lune* en do majeur (et non en do dièse mineur comme chez Beethoven). Je terminai mon travail le mercredi soir. Je devais aller chez Chebaline le lendemain.

Les condisciples de Karetnikov
à l'Ecole Centrale de Musique pour les Enfants Surdoués.
De gauche à droite :
les pianistes Anton Guinsbourg, Dimitri Blagoï, Lazare Berman ;
les compositeurs Nikolaï Karetnikov et Roman Ledeniov.

La première leçon

Je me présentai en automne 1942 dans la classe « directoriale » du Conservatoire de Moscou avec, dans mon porte-musique, les seize mesures de mon *Clair de lune,* avec une mélodie russe dans la deuxième voix. Si j'avais été à la place de Chebaline, j'aurais eu les plus grands doutes au sujet des capacités de ce candidat de douze ans, mais il sut repérer dans ces seize mesures quelque chose qui lui permit de me prendre dans sa classe. Mon acceptation se termina par un dialogue dont je me souvins à maintes occasions par la suite. Hélas ces occasions ne furent que trop nombreuses.

Chebaline : *Eh bien voilà, mon petit, nous allons travailler ensemble... Tu n'as pas peur ? (Je fixe Vissarion Yakovlevitch d'un œil écarquillé et continue à garder prudemment le silence.) Vois-tu, il faut que je te mette en garde. Maintenant, tu vas travailler avec moi à l'École centrale de musique, puis, si Dieu le veut, nous continuerons à travailler ensemble au Conservatoire et tout ira bien. Mais quand nous nous séparerons et quand, resté seul, tu auras envie d'écrire de la musique comme tu l'entends, je répète : comme* tu *l'entends, alors il faudra que tu t'attendes à être longuement et férocement battu. C'est pour cela que je te pose encore une fois ma question : tu n'as pas peur ?*

Moi *(d'une voix tremblante d'effroi et à peine audible) : N-o-o-o-n.*

Chebaline : *Eh bien d'accord (il se tourne vers l'un de ses élèves). Prends-moi sur le rayonnage* La Petite Suite *de Borodine. On va commencer.*

V. Chebaline et Karetnikov au Conservatoire de Moscou, 1944.

Il était un professeur sévère, très avare de compliments et très ironique dans ses jugements négatifs. Il avait, pour ses élèves, deux appréciations : « Ça, on peut le jeter à la poubelle » et « Ça, c'est possible ». Il avait encore une troisième phrase, la plus terrible : « C'est de la musique de restaurant. » Obtenir « C'est possible » était une petite fête. Je dus attendre d'avoir trente ans pour entendre dans sa bouche : « C'est de la musique, je suis content. » Ensuite, il découvrit quand même ce qui pouvait être amélioré dans mon œuvre.

Pour moi, Chebaline est toujours en vie. Souvent, avant de faire quelque chose, je me dis : qu'en penserait Chebaline ?

Poème en prose

Karetnikov en 1947.

Je découvre sur le bureau de mon père (il est maintenant responsable du Parti dans un ministère important) un document au contenu et à l'aspect suivants :

Procès-verbal de l'Assemblée générale du personnel du ministère de l'Enseignement secondaire et supérieur de l'URSS, consacrée à la Journée internationale de la femme du 8 mars.

Le président : Camarades ! Permettez-moi de considérer comme ouverte l'Assemblée générale consacrée à la Journée internationale de la femme (*applaudissements*). Je prie les membres de la présidence de prendre place à la tribune (*applaudissements*). Je donne la parole au camarade ... pour présenter la liste de la présidence d'honneur de l'Assemblée générale (*applaudissements... applaudissements*).

Le président : Permettez-moi de considérer vos applaudissements comme le signe de votre approbation de la composition de la Présidence d'honneur (*Applaudissements*). Je donne la parole au camarade ... qui présentera le rapport sur la Journée internationale de la femme (*applaudissements... applaudissements*).

Le président : Permettez-moi de considérer vos applaudissements comme le signe de votre approbation du rapport (*applaudissements*). Je donne la parole au camarade ... qui lira notre télégramme de félicitations adressé au camarade Staline (*applaudissements prolongés*)...

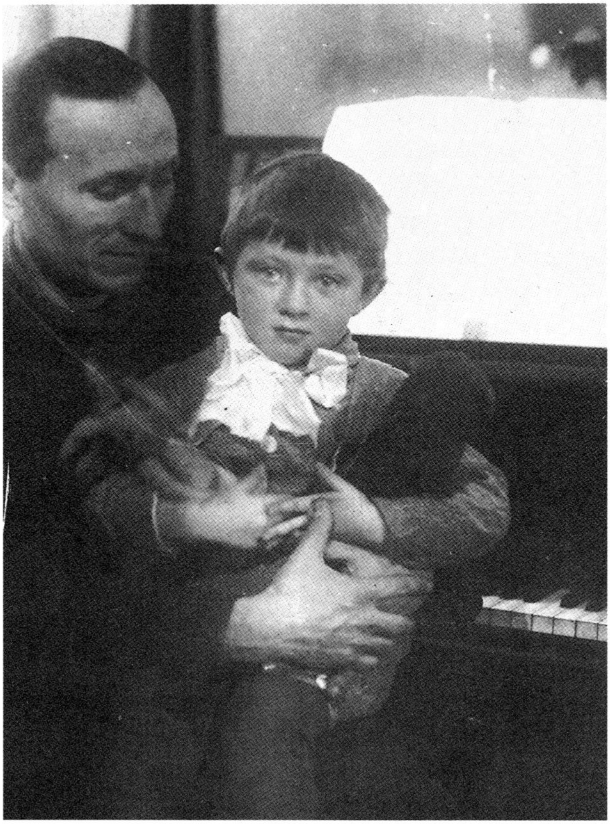

Nikolaï Guerguievitch, père du compositeur, avec son fils en 1934.

Le président : Permettez-moi de considérer vos applaudissements comme le signe de votre approbation du télégramme de félicitations *(applaudissements prolongés se transformant en ovation. Toute la salle se lève. On entend les exclamations : « Hourra ! Vive le peuple soviétique ! Vive le grand Staline ! »).*

Le président : Permettez-moi de considérer notre Assemblée générale consacrée à la Journée internationale de la femme comme close » *(applaudissements).* Rajouté à la main : Certifié (signature : illisible).

Je découvris ce papier le 1er mars 1947.

C'était l'époque...

Il apparut dans ma vie, juste au moment où j'avais terriblement besoin d'une autorité masculine. Vers l'âge de seize ans, il régnait dans mon cerveau un chaos indescriptible dû à la lecture désordonnée d'une énorme masse de livres. Je prenais des livres dans quatre bibliothèques différentes et, pour avoir le droit d'y prendre des livres rares ou interdits à l'époque, j'y effectuais toutes sortes de travaux ingrats. Mes lectures ne possédaient pas même l'ombre d'un système et se trouvaient en contradiction flagrante avec la réalité. Mon père ne pouvait pas m'aider

Karetnikov avec son fils Kolia, en 1978.

et je n'osais pas m'adresser à Chebaline avec mes problèmes.

Konstantin Issaev – qui était à l'époque un scénariste connu – emménagea dans notre immeuble en 1947 et je fis sa connaissance par hasard dans notre cour, où il promenait d'un pas digne un gigantesque caniche. Quelque chose en moi avait dû l'intéresser et il m'autorisa à fréquenter sa maison.

Peu à peu mes visites se firent plus rapprochées et finalement j'allais chez lui presque tous les jours et pouvais venir à n'importe quelle heure de la journée. Je venais même quand les Issaev recevaient des invités et j'y fis connaissance de nombreuses célébrités de l'époque, comme les cinéastes Pyriev et Stolper, le scénariste Bleyman et enfin Galitch qui était alors seulement un auteur de théâtre [19]. Je devins ami de ce dernier vingt ans après.

Parfois, je participais au dîner, à des mondanités ou bien je pouvais rester des heures à regarder Issaev, Stolper et Pyriev en train de jouer aux cartes. C'était un spectacle des plus curieux : Issaev et Pyriev cherchaient à convaincre Stolper qu'il ne savait pas jouer à la « préférence », ce qui n'empêchait pas ce dernier de gagner constamment.

Dès que nous en avions la possibilité, Issaev et moi conversions sur une multitude de sujets. Je lui posais des centaines de questions sur la vie en général, la littérature, les arts, la politique, l'histoire, les femmes (ce qui était essentiel, car l'idée que je m'en faisais était parfaitement livresque). Il n'y avait pas de sujet que je ne souhaitais aborder avec lui. Issaev répondait attentivement et patiemment à mes questions ou racontait et expliquait de lui-même. Il sut dans une large mesure trier et organiser mes amas de lectures et mon expérience fort limitée de la vie.

Nos relations devinrent quasi familiales et, un jour que nous marchions tous les trois dans la rue, la femme d'Issaev lui dit : « Comme c'est bien ! Nous n'avons pas d'enfants et Kolia est pour nous comme un fils ; un grand fils qui écrit déjà des symphonies ! »

Sept années passèrent.

Je me mariai et quittai la maison parentale. Mes visites chez les Issaev s'espacèrent, mais quand je venais, j'étais reçu comme par le passé, avec affection et amour.

En 1955, je fis la connaissance du scénariste et traducteur Nikolaï Davidovitch Otten dont je n'avais jusqu'alors pas même soupçonné l'existence. Cependant, au moment des présentations il me demanda avec un petit rire sardonique diabolique, sa trompe longue et mince frémissante d'excitation :

– Vous êtes bien Kolia Karetnikov ? Alors vous êtes ce jeune homme dont me parlait Kostia Issaev. Et savez-vous pourquoi on vous supportait dans cette maison, alors que vous les dérangiez beaucoup ? Ils étaient persuadés que vous aviez été chargé de les surveiller par la Sécurité !

Nos années de relations amicales se concentrèrent en un bref éclair qui me transperça le crâne, et je tombai évanoui.

Je reçus en 1966 la confirmation qu'Otten ne m'avait pas menti. Un des réalisateurs travaillant au studio de Mosfilm voulut me commander la musique de son film.

Monument représentatif de l'époque stalinienne, *Ouvrier et Kolkhozienne,* devenu le sigle du studio Mosfilm.

Il faisait partie du département dirigé par Pyriev. Or, ce dernier lui interdit catégoriquement de travailler avec moi. Nous nous demandions l'un et l'autre ce qui se passait car il était tout à fait anormal qu'un directeur de département se mêle du choix du compositeur.

Maintenant, me rappelant l'histoire racontée par Otten, je comprends tout : Pyriev avait beaucoup de défauts, mais il avait – je le sais de source sûre – une qualité : il haïssait les mouchards.

Le quatrième chapitre

Quand je demandai, un jour, à Alexandre Gabritchevski ce qu'il pensait de la philosophie marxiste, il me répondit approximativement de la manière suivante :

– Le point central dans cette doctrine est que le monde matériel est premier et la conscience seconde. Comment voulez-vous philosopher à partir de ce genre d'affirmation brute ?

En sortant de son premier cours sur le marxisme (on y avait contraint tous les professeurs du Conservatoire) Heinrich Neuhaus, ce grand admirateur de Kant, Hegel, Nietzsche, Schopenhauer, s'exclamait avec un enthousiasme non feint :

– C'est incroyable ! C'est tout simplement passionnant ! Je n'aurais jamais pu l'imaginer !

Après le deuxième cours, il sortit beaucoup plus calmement et se contenta de dire que oui, c'était intéressant. Et enfin, après le troisième cours, il écarta les bras dans un geste dubitatif et confia, l'air gêné :

– Permettez, mais c'est tout le temps la même chose !

Il parvenait toujours à dire ce qu'il pensait.

Que durent donc être les souffrances de ma pauvre mère (qui avait en tout et pour tout fait les quatre classes de l'école paroissiale et une année au Conservatoire), quand, à l'âge de soixante ans, on l'obligea à passer les examens de marxisme. Elle enseignait le chant au M.Kh.A.T.

On lui avait proposé de préparer pour l'examen le célèbre quatrième chapitre (« Matérialisme dialectique et matérialisme historique ») du *Précis d'histoire du Parti communiste (bolchevique)*.

Elle se prépara pour son travail comme pour une fête : le soir, après en avoir terminé avec toutes ses occupations, elle mit une robe élégante, s'installa devant la table, ouvrit le livre et se prépara à commencer l'étude de son texte. J'observai la scène par la porte vitrée de la cui-

A. Gabritchevski, Moscou, 1966.

sine. J'avais moi-même passé un examen sur le *Précis* six mois auparavant.

Maman lut à haute voix la première phrase – « Qu'apporte la conception marxiste du monde à un membre du Parti communiste ? » – et essaya de donner un sens à ce qu'elle lisait en le reprenant une deuxième fois d'une voix plus forte : « Qu'apporte la conception marxiste du monde à un membre du Parti communiste ? » A son ton, il était évident que dans son esprit les mots s'enfilaient sans acquérir pour autant un sens quelconque. Elle relut encore une fois la phrase, en accentuant chaque mot séparément :

– Qu'apporte la conception marxiste du monde à un membre du Parti communiste ?

Le sens n'en devenait pas plus clair. Alors elle relut la phrase encore plus fort mais très vite : le résultat resta le même.

Prise de désespoir, ma mère se saisit la tête entre les mains et, après une longue pause, prononça d'une voix douce :

– Qu'apporte la conception marxiste du monde à un membre du Parti communiste ?

Elle s'immobilisa, puis posa ses deux mains sur la table devant elle et, regardant vers le plafond, ou peut-être le ciel, elle se reposa la question :

– Et en vrai... Qu'est-ce qu'apporte la conception marxiste du monde à un membre du Parti communiste ?

Je ne pouvais plus supporter le spectacle de cette torture et je m'éloignai de la porte.

Le lendemain, ma mère rentra du théâtre dans un état d'excitation heureuse.

– Je l'ai eu, je l'ai eu, répétait-elle sans cesse, folle de joie.

– Mais, maman, comment as-tu pu passer l'examen, alors que tu n'as même pas pu retenir la première phrase ?

– Rien de plus simple ! Ils m'ont donné le livre et m'ont demandé de lire un paragraphe. Et je l'ai fait !

Pédagogie

Le professeur entra dans la salle et posa sur le pupitre la partition de la *Quatrième symphonie* de Mahler. Il l'ouvrit à la première page et commença son cours.

– Voilà, camarades, le compositeur autrichien Gustav Mahler. Il est né en 1860 et il est mort en 1911. Il fut chef d'orchestre permanent et directeur musical des Opéras de Prague, de Hambourg et de Vienne, ainsi que chef d'orchestre du Philharmonique de Vienne. Il a composé dix symphonies et cinq cycles vocaux. Ce compositeur est réactionnaire, bourgeois et statique.

Le professeur referma la partition.

– Et maintenant, nous allons passer à Richard Strauss...

C'est ainsi qu'en 1951 nous « fîmes » Malher.

Claude Debussy
et
sa caricature par X.

Scherzo

V. Ya. Chebaline avait été réintégré au Conservatoire au cours de l'automne 1951. Au printemps 1952, un de ses élèves composa un scherzo. Ce fut comme l'explosion d'une bombe. La communauté musicale entra en ébullition.

Pensez donc, il n'y avait pas plus de quatre ans qu'était parue la résolution du Comité central « Au sujet de l'opéra de V. Mouradeli *La Grande Amitié* [20], et voilà qu'un étudiant (!) osait écrire une œuvre musicale où l'on pouvait entendre, répétées à plusieurs reprises, des septièmes *. Pour les uns, il s'agissait d'une audace sans pareille, pour les autres d'un crime.

Les passions étaient déchaînées. La Société savante des étudiants du Conservatoire organisa à ce sujet une discussion houleuse. Pendant au moins une semaine, on ne parla de rien d'autre. Le compositeur du scherzo portait avec calme et courage le lourd fardeau de la gloire ; le visage empreint d'une gravité de circonstance, il sortait de claviers variés ses septièmes avec un entrain particulier.

Peu à peu, les vagues soulevées par l'événement se calmèrent pour retomber complètement.

Soudain, un mois plus tard, le bruit courut dans le Conservatoire qu'une commission spéciale envoyée par l'Union des compositeurs était en train de siéger chez nous. Elle ne convoquait que les élèves de Chebaline. Le secrétaire de ma faculté, m'ayant convoqué au bureau du

* Septième : Intervalle entre deux notes dont les notes départ et arrivée compris et quelque soit la grandeur de l'intervalle se suivent en montant à une distance de 7 degrés.

doyen, m'invita instamment à me rendre sur-le-champ dans la salle où cette commission recevait les étudiants. Il y avait déjà la queue devant la porte et je me souviens que j'étais avant-dernier, juste après Pakhmoutova [21]. Le responsable de tous ces événements avait été interrogé le premier et déjà relâché. Aucun de ceux qui étaient déjà passés devant la commission ne révélait quoi que ce soit à sa sortie de la salle. Chacun découvrit la raison de ce silence plus tard, individuellement.

J'entrai. Il y avait deux personnes assises derrière une table. Je connaissais la première : c'était le compositeur Kirill Moltchanov qui avait récemment achevé ses études à notre Conservatoire ; j'ignorais qui était la seconde personne, un gros qui tirait sur sa pipe.

Ils me saluèrent poliment et m'invitèrent à m'asseoir.

Kirill Moltchanov avec lequel on se tutoyait, quand il était en train d'achever ses études au Conservatoire, m'interrogeait maintenant d'une voix pénétrée, la tête mollement penchée sur l'épaule, ses cils longs et épais tantôt baissés, tantôt relevés :

– Vos nom et prénom ?

Je répondis.

– Je crois que vous faites partie de la classe de Vissarion Chebaline ?

– Oui.

– Comment travaille-t-il avec vous ?

– Il analyse et corrige avec nous nos œuvres, nous présente les œuvres de divers compositeurs.

– Pourriez-vous nous dire lesquels ?

– Glinka, Tchaïkovski, Borodine, Moussorgski [22].

Je sentis que ma liste était par trop exemplaire et rajoutai, après avoir fait semblant de réfléchir un instant et en accentuant légèrement :

– Nous avons récemment étudié Debussy.

– Et alors ?

– Quoi, et alors ?

– Il vous a plu ?

– Pas mal... Rien de particulier... Certes... On peut y trouver certains procédés qui peuvent servir.

Un silence pesant s'instaura pendant lequel mes interlocuteurs soupesaient mes réponses. Le gros à la pipe s'y mit à son tour.

– Et comment Chebaline travaille-t-il avec l'auteur de ce *Scherzo ?*

– Comme avec les autres. Il est très exigeant et sévère.

– Et quelle musique analyse-t-il avec lui ?

– La même qu'avec tout le monde. (Je répétai la même liste que tout à l'heure à l'exception de Debussy.)

Cette information provoqua un nouveau silence tout aussi chargé de réflexions que le précédent. Moltchanov prit le relais :

– Et quelle est votre opinion sur ce *Scherzo ?*

– Rien de particulier. Une musique joyeuse, pleine de vie. Les septièmes sont, à mon avis, fort comiques. Il me semble me souvenir que Vissarion Yakovlevitch en a enlevé une bonne moitié.

Nouveau silence estimateur.

– Bien... Vous pouvez disposer... Vous comprenez vous-même, je suppose, que vous ne devez parler à personne de notre entretien.

– Oui, bien sûr, je comprends. Au revoir.

– Au revoir. Demandez au suivant d'entrer.

Ni Vissarion Yakovlevitch ni son élève ne furent exclus du Conservatoire. Visiblement, tout le monde avait compris comment il fallait répondre. Nous aimions tous beaucoup Chebaline, or il nous présentait aussi bien Malher que Stravinski...

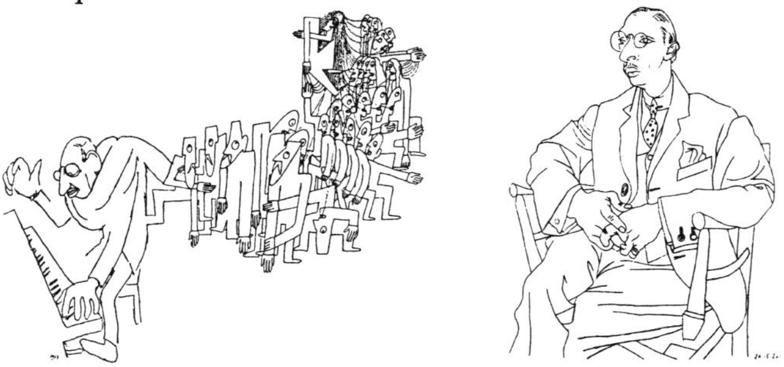

Igor Stravinski dirigeant *Le Sacre du Printemps,*
vu par Cocteau (à gauche) et par Pablo Picasso (à droite).

Art Grec,
tête du *Cavalier Rampin*,
marbre, style attique,
vers 560-550 av. J.C.
Musée du Louvre, Paris.

La guerre du Péloponnèse

Je répondis tant bien que mal à la première question.

Le deuxième point que je devais traiter était le suivant : « Le marxisme-léninisme au sujet de la guerre. »

Je débitai sans hésitation la célèbre formule :

– Il y a des guerres justes et injustes, de conquête et de libération nationale, des guerres impérialistes et des guerres civiles...

– Bien.

Le jeune examinateur à l'air vif eut l'air satisfait.

– Et maintenant, développez-moi, je vous prie, cette thèse.

Je me troublai, n'ayant pas la moindre idée de ce qu'on pouvait bien développer. La formulation me semblait parfaitement autosuffisante et ne demandant aucun développement. Je me torturai le cerveau à la recherche d'une solution lorsqu'une possibilité de réponse se dessina dans mon esprit.

– Le point de vue des Anciens sur la guerre se différencie radicalement de celui des marxistes-léninistes, proférai-je lentement, pas très sûr encore d'avoir trouvé le chemin du salut.

– Bien, bien... lança aussitôt l'examinateur, manifestement curieux de voir comment j'arriverais à m'en sortir.

Il rapprocha même sa chaise pour ne rien laisser échapper.

– Ainsi, les Grecs de la Grèce antique...

– Continuez, m'encouragea-t-il avec un léger sourire.

– Les Grecs, donc... Et pendant au moins une demi-heure je lui résumai *L'Histoire de la guerre du Péloponnèse* de Thucydide, en insistant particulièrement sur les horreurs qu'endurèrent les habitants d'Athènes pendant l'épidémie de peste.

Finalement mon inspiration s'épuisa.

– Ah ! le petit futé, apprécia l'examinateur sur le visage duquel on pouvait lire sans difficulté un sentiment de satisfaction. Donne-moi ton livret que j'y mette ta note.

Art grec, statue de déesse trouvée à Tarente, détail du visage, vers 480 av. J.C., marbre de Paros, Staatliche Museen, Berlin.

Récit de la victime

« Et à l'Union des compositeurs,
les compositeurs écrivent
les uns contre les autres
des dénonciations
sur du papier à musique. »
I. Ilf *Carnets*[23]

Le monument à Piotr Tchaïkovski devant le Conservatoire de Moscou.

1952. Un étudiant (il est aujourd'hui un compositeur assez connu) passe par un corridor du Conservatoire avec des partitions de Stravinski sous le bras. Un autre étudiant (c'est aujourd'hui un compositeur très connu) les remarque. Il se précipite aussitôt au bureau du Parti et fait son rapport : « Je viens de voir dans le corridor Untel qui tenait à la main des partitions de Stravinski ! »

L'accusé est aussitôt rattrapé, pris en flagrant délit : seul un miracle le sauvera d'une exclusion du Conservatoire.

Le même jour, après la fin des cours, la victime surprend le dénonciateur dans la cour du Conservatoire, le jette la tête la première dans un tas de neige à l'endroit exact où, aujourd'hui, la statue de Tchaïkovski semble battre des ailes et le frappe à coups de poing sur la nuque et de pied dans le derrière.

– Tu ne dénonceras plus, espèce de salaud !

Et l'autre, de dessous la neige hurle :

– Si, si, je continuerai !

Et il tint parole.

Parapsychologie

Ivan Pyriev et Konstantin Issaev jouent aux échecs sur la véranda de la datcha de ce dernier. On entend sonner à la porte du jardin. Issaev et moi voyons debout devant l'entrée une actrice connue qui vient de tourner dans un film d'Issaev. Pyriev, qui est assis dos au jardin, ne peut voir qui a sonné. Et pourtant, sans quitter l'échiquier du regard, il siffle haineusement entre ses dents : « Sûr qu'elle vient à la pêche de nouveaux rôles, la salope ! »

Ivan Pyriev.

Issaev se lève et va ouvrir. Pyriev reste assis sans bouger. Quand l'actrice a parcouru la moitié du chemin qui sépare l'entrée de la véranda, Pyriev se lève d'un bond, dégringole l'escalier, se met à quatre pattes, galope vers l'actrice et tourne autour d'elle en aboyant. Puis, toujours à quatre pattes, regagne en courant sa place devant les échecs, comme si de rien n'était.

Encore aujourd'hui, je n'arrive pas à comprendre comment il a pu la reconnaître de dos !

Dialogue

Alexandre Vassilievitch Gaouk. Artiste du peuple, professeur au Conservatoire de musique de Moscou, chef d'orchestre du Grand Orchestre symphonique de la radio soviétique. Il est difficile de dire aujourd'hui comment un tel chef – il était incapable de garder en mémoire les bons tempos des œuvres qu'il devait diriger – avait pu devenir le chef permanent d'un grand orchestre, mais pourtant il en était ainsi. C'est à ce titre que je le rencontrai pour la première fois.

Au cours de l'automne 1956, ma *Deuxième symphonie* eut droit, presque par hasard, à une exécution, fort négligée d'ailleurs. Tout naturellement, j'eus envie de l'entendre jouée normalement. Pour que ce désir puisse être réalisé par l'Orchestre symphonique de la radio, on me proposa

Уважаемый товарищ!

Союз советских композиторов СССР
и
Всесоюзное Радио
приглашают Вас

в среду, 31 октября 1956 г.

на
СИМФОНИЧЕСКИЙ
КОНЦЕРТ

Начало в 8 часов вечера

ПРОГРАММА КОНЦЕРТА:

Н. Каретников — 2-я симфония
М. Кусс — Симфониетта
Ф. Гершкович — Каприччио

ИСПОЛНИТЕЛИ:

**ГОСУДАРСТВЕННЫЙ
СИМФОНИЧЕСКИЙ ОРКЕСТР
ГЛАВНОГО УПРАВЛЕНИЯ
КИНЕМАТОГРАФИИ МИНИСТЕРСТВА
КУЛЬТУРЫ СССР**

ДИРИЖЕРЫ:

Исидор АРКИН
Альгис ЖЮРАЙТИС

Carton d'invitation à la "première Première" de Karetnikov, *Deuxième Symphonie,* 31 octobre 1956, Salle de l'Union des Compositeurs, Moscou.

de rendre visite à Gaouk, chez lui, et de lui faire écouter l'enregistrement de la première exécution. Le jour dit, je me présentai à l'appartement de Gaouk, rue Gorki, avec, sous le bras, ma partition et la bobine de l'enregistrement.

La partie centrale de ma symphonie était une énorme marche funèbre, noire et tragique. Ce fut elle qui servit de prétexte au dialogue en forme de questions et réponses reproduit ci-dessous.

Après qu'eut retenti la dernière note de ma symphonie, il s'instaura un long silence pendant lequel Gaouk étudia longuement, tour à tour, ma partition et ma personne. Puis, vint la première question :

– Tu as quel âge ?

– Vingt-six ans, Alexandre Vassilievitch. *(Silence)*

– Tu es membre du Komsomol ?

– Oui. Je suis le secrétaire du Komsomol de la section de Moscou de l'Union des compositeurs. *(Silence)*

– Tes parents sont en vie ?

– Dieu merci, oui, Alexandre Vassilievitch, ils sont toujours en vie.

– *(Sans pause)* Je me suis laissé dire que ta femme est belle ?

– C'est vrai. Elle est très belle... *(Silence)*

– *(D'une voix haut perchée et tendue)* Tu ne meurs pas de faim, tu es vêtu et chaussé ?

– Mais oui, Alexandre Vassilievitch, on peut dire que tout va bien.

– *(En criant presque)* Alors, pourquoi diable ces funérailles ? *(Long silence pesant)*

Tout était clair. Je ramassai en silence ma partition et mon enregistrement et me dirigeai vers la porte. Mais, sentant que je ne pouvais pas quitter le champ de bataille sans avoir tenté de pousser ne serait-ce qu'un couinement de protestation, je m'arrêtai une seconde devant la porte et demandai :

– Et le « droit à la tragédie » ?

– Tu n'as pas ce droit ! Fiche-moi le camp !

Et je pris la porte.

Couvent Novodevitchi à Moscou. Lithographie de J.C. Bachelier.

Premier éveil

L'immense église du couvent Novodevitchi était presque vide. Deux petites vieilles chantaient doucement dans le chœur et deux ou trois autres étaient en train de prier devant les portes ouvertes de l'autel. J'étais entré par pure curiosité.

C'était un tout jeune prêtre qui officiait. Petit et maigrelet, il semblait se couper en deux en s'inclinant devant l'autel. Il se déplaçait avec douceur et une certaine grâce, sans la moindre précipitation. Je l'avais remarqué dès que j'étais entré dans l'église. Il y avait peu de cierges allumés et la faible lumière du soir pénétrant par les fenêtres était incapable de dissiper l'obscurité régnante. Mais mon regard ne pouvait déjà plus se détacher de cette silhouette.

Je n'avais encore jamais vu un prêtre aussi jeune. Et plus le service avançait et plus sa prêtrise me paraissait incompréhensible. Comment cela ? Nous étions au milieu du XXe siècle, dans l'État le plus progressiste du monde entier, où le premier venu savait depuis longtemps que Dieu n'existait pas, que le Christ n'avait jamais existé et que tout cela n'était que des inventions de curés pour vieilles bonnes femmes analphabètes. Et voilà qu'un jeune homme allait servir cette idéologie mourante ; sûr que ce n'était pas désintéressé, et si par hasard cela l'était, alors c'était un illuminé ou un débile. Moi qui avais fièrement fait mes premiers pas indépendants, qui étais sûr d'avoir un merveilleux avenir, qui étais l'auteur de pas moins de deux symphonies et de quelques autres pièces de musique, qui étais responsable du Komsomol de l'Union des compositeurs de Moscou, j'éprouvais colère et irritation et j'avais envie de ramener cet égaré dans le droit chemin, de lui crier : « Laisse tomber tout cela ! Ce n'est pas un endroit pour les jeunes ! Là-bas, hors de l'église, t'attend un avenir radieux ! »

Je m'approchai de l'ambon et ne quittai plus du regard son dos maigre et courbé. J'écoutais l'office et attendais je ne savais quoi... Je sentais, quelque part au niveau du ventre, que s'était éveillée en moi une excitation sourde, l'envie d'intervenir, de demander, d'imposer ma volonté, de modifier, de modifier à tout prix. Mais je n'avais aucune raison de le faire et, sûrement, il ne pouvait y en avoir.

A un moment donné, le prêtre se mit à faire le tour de l'église, il s'arrêtait devant chaque icône, s'inclinait devant elle jusqu'à terre et agitait son encensoir.

J'eus une idée : pendant que le prêtre faisait le tour de l'église, j'avais le temps de choisir l'icône adéquate et de me placer devant elle de telle sorte qu'il ne puisse m'éviter et alors je pourrais le regarder droit dans les yeux. Ainsi, je pourrais l'attaquer, le troubler et éveiller le doute en lui.

A gauche de l'autel était suspendue une grande icône de saint Nicolas. Je me plaçai dos à l'icône, de façon à ce que mes épaules et ma tête se trouvent à la hauteur des épaules et de la tête du saint. Puis j'attendis. Il ne pouvait pas m'éviter.

Il se dirigeait vers l'endroit où je me trouvais. Il ne pouvait pas ne pas m'avoir remarqué et je sentis l'émotion me gagner quand nos lignes de force entrèrent en contact. J'attendais... Le temps s'était presque arrêté...

Enfin, je vis ses yeux devant moi, ils étaient couleur de bleuet fané. Il me regarda quelques secondes, calme et doux. Je vis passer dans ses yeux, puis s'évanouir aussitôt, une expression à peine perceptible de douleur ; et son regard s'éclaircit de nouveau.

M'ignorant complètement, il s'inclina profondément, comme devant les autres icônes, balança à deux reprises son encensoir et passa aux icônes suivantes. Dans l'inclination de sa tête avant la génuflexion, dans toute son allure quand il se dirigea vers l'icône suivante, il y avait une paix profonde, pure et authentique que je n'avais jamais vue auparavant et dont je n'avais même pas idée.

Le rouge d'une honte insupportable m'envahit le visage. J'aurais voulu me débarrasser de moi-même et de toutes mes motivations aussi agitées que vaines.

Trente années se sont écoulées depuis. Parfois, je me souviens de ce jeune prêtre et je lui suis reconnaissant pour cette première leçon. J'en reçus d'autres par la suite mais c'est celle-ci, la première, qui marqua l'éveil de mon âme.

Saint Nicolas, icône fin du XIIe siècle, collection du Musée Russe à Leningrad, école de Kiev — Vladimir — Novgorod.

Nouvel an

Nikolaï Markovitch Emmanuel [24] était un grand connaisseur de la beauté féminine. Seule cette circonstance pouvait expliquer notre présence, ma femme et moi, au milieu de ce groupe d'académiciens. Nous devions être les seuls à ne pas porter ce titre parmi les présents. Ils étaient peut-être cinq ou six.

Nous fêtames l'arrivée de l'an 1956. Nous jouâmes aux charades. A cinq heures du matin, quand les dames s'éloignèrent pour boire du café et fumer, les académiciens entamèrent une discussion dont l'orientation me parut pour le moins étrange. Ils étaient tous membres de notre académie, de l'Académie des sciences de l'Union soviétique, aussi les allusions à un « esprit suprême » que je saisis dans leurs propos exigeaient quelque explication. Avec mon esprit purement matérialiste, je crus à une mystification, mais je ne pouvais imaginer qu'elle avait pour objet ma modeste personne. Je me contentai, bien sûr, d'écouter en essayant de ne rien laisser échapper. Et pourtant, pendant une pause, je me décidai :

– Excusez-moi, dis-je, de me mêler à votre conversation, mais ce que vous êtes en train de dire me paraît bien étrange. Puis-je avoir quelques explications ?

Ils se regardèrent. Nikolaï Semionov [25] se leva et se mit à tourner en cercle autour de notre groupe.

– Bon, qui va parler ? demanda Nikolaï Markovitch.

Ils se regardèrent à nouveau. Enfin, Emmanuel fit un signe de tête en direction de Yakov Borissovitch Zeldovitch :

– Vas-y, explique-lui, tu es le plus à même.

Ils se jetèrent encore quelques coups d'œil.

– Jeune homme, commença Zeldovitch, pour vous expliquer le sens de notre conversation, il faut que je vous pose d'abord quelques questions.

Je pris aussitôt une pose qui montrait mon désir de répondre à toutes les questions qu'on voudrait bien me poser.

– D'abord, savez-vous ce qu'est le décalage vers le rouge ?

Par chance je savais ce que c'était, car j'avais pendant cinq ans fait de l'astronomie en amateur.

Karetnikov en 1952.

– Parfait, poursuivit Zeldovitch, l'explication en sera facilitée. Alors, dites-moi si vous avez entendu parler du modèle de « l'Univers non stationnaire » proposé par Friedman ?

Je répondis que oui.

– Encore mieux. Alors voilà : il apparaît que les vecteurs des « décalages vers le rouge » des galaxies observées indiquent tous un centre unique de l'Univers dont elles s'éloignent. Quand on a dirigé vers la zone du ciel qu'indiquaient ces vecteurs nos instruments d'observation, on a découvert qu'il y avait dans ce centre beaucoup de *novae*. Autrement dit, on y a observé nombre de jeunes galaxies composées d'étoiles bleues. Vous me suivez ?

Je répondis que oui.

– Et dès qu'elles se forment, elles commencent à s'éloigner comme toutes les galaxies précédentes. Mais l'essentiel est que, dans ce centre, il n'y a ni suffisamment de matière ni suffisamment d'énergie pour permettre l'apparition de ces *novae*.

– Et qu'est-ce qu'il y a ? demandai-je me sentant profondément mal à l'aise.

– Vous ne devinez pas vous-même ?

Je jetai des regards stupéfaits sur les beaux visages des hommes qui m'entouraient. Ils étaient tous calmes et concentrés. Soudain, Semionov sourit dans sa moustache :

– Bande d'idiots ! Cessez de lui raconter des histoires ! Et toi, ne crois pas à ce qu'ils te disent !

Je fis le tour des présents : leurs visages n'avaient pas changé. Quelques-uns d'entre eux me firent un petit signe de tête pour confirmer ce que je venais d'apprendre.

Nikolaï Semionov, physicien, Prix Nobel 1956.

Who is who

La grande salle du Conservatoire était comble pour la première exécution de la *Quatrième symphonie* de Dimitri Kabalevski [26].

Depuis l'enfance, j'avais été habitué à respecter ce nom. Quand on énumérait les principaux compositeurs soviétiques, son nom venait toujours en quatrième position après ceux de Prokofiev, Chostakovitch et Miaskovski. Maintenant, sa musique ne me plaisait plus et lui-même en tant que personne commençait à me sembler légèrement suspect. Je ne savais pas encore que, à la différence de la majorité des gens qui combinent dans des proportions variées, plus ou moins plaisantes ou repoussantes, le blanc et le noir, Kabalevski, lui, faisait surtout dans le noir.

Donc, on jouait sa *Quatrième symphonie.* C'était de la musique courante soviéto-kabalevskienne. Seul le troisième mouvement, une marche funèbre, retenait tant soit peu l'attention. L'orchestre jouait bien après quatre répétitions. Ma *Deuxième* avait été jouée après une seule répétition. Kabalevski, qui l'avait entendue huit mois avant cette première, l'avait anéantie dans une critique où il me refusait le « droit à la tragédie ».

J'étais assis à l'écouter et à m'irriter.

A la fin du concert, quelque peu calmé et encore, selon toute apparence, sous le coup de mes réflexes d'enfant, je décidai malgré tout d'aller le féliciter.

Quand la foule qui l'entourait eut fini de lui présenter ses compliments et qu'il se retrouva un instant seul, je m'approchai à mon tour :

– Je vous félicite, Dmitri Borissovitch...

Sergueï Diaghilev
Sergueï Prokofiev,
et Mikhaïl Larionov,
auteur du dessin.

Sergueï Prokofiev, 1916.

Je ne trouvai rien d'autre à lui dire. Il me regarda attentivement et comprit toute la situation : il était loin d'être bête.

L'artiste du peuple, le docteur ès-sciences musicologiques, le membre de l'Académie des sciences pédagogiques, le secrétaire de l'Union des compositeurs d'URSS, le chevalier de diverses décorations soviétiques, le lauréat du prix Staline, le futur lauréat du prix Lénine, le futur héros du travail socialiste, le futur président du jury du concours portant son nom « Pour la meilleure exécution de ses propres œuvres » et le futur « meilleur ami musical des enfants » se pencha à mon oreille et me dit soudain à voix basse :

– Eh quoi, mon petit Kolia, ma musiquette, hein, plutôt merdique ?

Il resta un moment immobile et s'éloigna.

Je fus saisi d'angoisse...

Premier prix

Le ministère de la Culture organisa, au printemps 1957, un concours pour la meilleure pièce de piano devant être jouée pendant le premier concours Tchaïkovski.

Je reçus le premier prix, les honoraires y afférant et, plus tard, ma pièce fut publiée.

Au concours Tchaïkovski, on joua une pièce de Kabalevski.

Piotr Tchaïkovski.

Inokenti Smoktounovski
dans le rôle de *Tchaïkovski*,
film d'Igor Talankine.

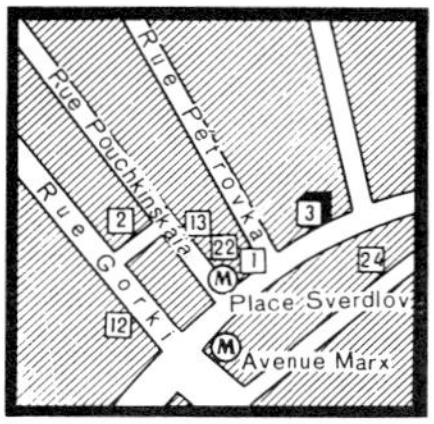

Sigle du théâtre Malyi
et fragment du plan de Moscou le situant, n° 3.

ГОСУДАРСТВЕННЫЙ ОРДЕНА ЛЕНИНА АКАДЕМИЧЕСКИЙ
МАЛЫЙ ТЕАТР СОЮЗА ССР

Nous aussi, nous participons à la vie internationale

Été 1957. Une chaleur torride.

J'assiste, au théâtre Malyi, à la répétition de la première pièce de théâtre pour laquelle j'ai écrit une musique de scène.

Dans l'allée centrale de l'orchestre désert, derrière une petite table, officie le metteur en scène. L'unique acteur, vêtu d'une chaude veste ouatinée (l'action se passe en hiver), s'ennuie sur la scène. C'est Nikita Podgorny [27], encore tout jeune à l'époque. La sueur dégouline sur son visage. La répétition se traîne, morne et molle.

Poussé par la curiosité, je passai sous le plateau où je découvris un gigantesque tambour qui devait, très probablement, servir au bruitage du tonnerre. Je me mis à en jouer tout doucement, me délectant des sons inouïs que j'en extrayais ; le son des plus grandes caisses d'orchestre ne pouvait soutenir la comparaison avec le son de ce géant.

Mon occupation fut soudain interrompue par un bruit violent suivi par des hurlements déchirants. Sûr qu'il venait d'arriver un malheur, je me précipitai sur la scène, où, à ma grande surprise, j'entendis :

– Salaud, avorton, fumier !

Et alors je vis le metteur en scène, au fond de l'orchestre, soulever sa table et, avec de nouvelles imprécations, la fracasser contre le sol. Puis, se tenant le cœur, il sortit de la salle.

Nikita était toujours assis au même endroit avec la même expression mélancolique peinte sur le visage.

– Qu'est-ce que tu lui as dit ? Pourquoi a-t-il explosé ? demandai-je en m'approchant de Nikita.

Théâtre Malyi et ses fondateurs :
Mikhaïl Chtchepkine, Maria Ermolova, Prov Sadovski.

– Tu comprends, me répondit-il d'une voix douce et légèrement étonnée, je n'ai pas dormi de la nuit : Macha n'a pas arrêté de pleurer et j'ai passé mon temps à lui donner à boire ou à changer ses couches... J'ai dû m'endormir vers quatre heures du matin... Tu sais que le vice-roi d'Afghanistan est en visite à Moscou ? Je vis près du Télégraphe, rue Gorki. Alors, il y a le concierge de l'immeuble qui est arrivé à cinq heures du matin pour s'informer si je n'avais pas l'intention de venir accueillir et acclamer le vice-roi d'Afghanistan. Je l'ai envoyé se faire voir... Et pendant toute la répétition, j'avais envie de demander à notre metteur en scène s'il était allé accueillir le vice-roi d'Afghanistan. Et enfin, je le lui ai demandé et tu as vu sa drôle de réaction ?

Le principal interprète de Jean-Sébastien Bach

Parfois, c'était Samuel Evguéniévitch Feinberg [28] en personne qui m'ouvrait la porte. A trois reprises, au cours de quelques années, se reproduisit la scène suivante : j'enlève et j'accroche mon manteau ; Samuel Evguéniévitch attend patiemment que j'en aie terminé, puis avec un sourire narquois il passe la main dans son élégante barbiche.

– Alors Kolia, demande-t-il, un nouveau Maroutaïev [29] ne serait-il pas apparu ces temps-ci chez nous ?

La question me semble mal posée, car je suis persuadé que Maroutaïev est à ce point unique qu'un nouveau Maroutaïev n'en serait déjà plus un. Aussi, je réponds avec assurance que « non, pas pour l'instant ».

Samuel Evguéniévitch, quelque peu attristé, ne dit plus rien. Puis, s'étant remis du choc, il me fait passer un test dans un tout autre domaine.

– Imaginez-vous dans la situation suivante : Bach, Wagner et vous-même, vous vous promenez en barque. Soudain, la barque commence à s'enfoncer. Pour vous sauver, il faut jeter quelqu'un par-dessus bord. Qui jetteriez-vous ?

Je réponds sans hésiter une seconde :

– Je me jetterais à l'eau moi-même.

– Non, mais pour de vrai. Dites-moi vraiment.

– Je me jetterais à l'eau moi-même.

– Non, non. Je vous le demande sérieusement.
– Je me jetterais à l'eau moi-même !
– D'après les règles du jeu, cette réponse est exclue.
– Je me jetterais à l'eau moi-même !
Feinberg reste un moment abattu, puis se caresse la barbiche et lance, songeur :
– Eh bien moi, je jetterais par-dessus bord... Bach.
Et devant mon regard stupéfait et interrogatif, il poursuit :
– Avez-vous la certitude que, dans une église voisine, il n'y avait pas un autre organiste, tout aussi génial ?

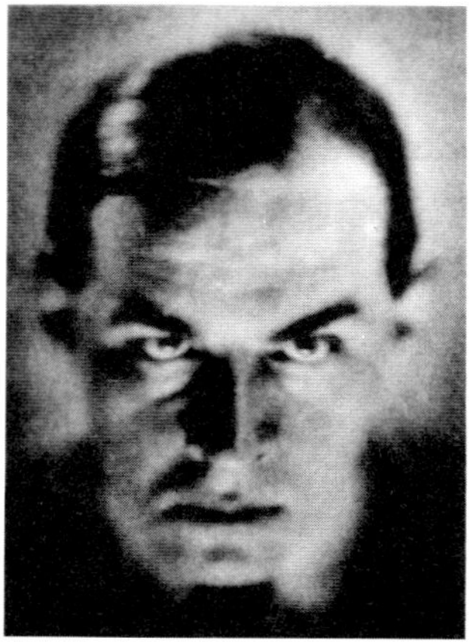

Erich-Maria
Remarque

Intuition

Nous devions, ma femme et moi, nous rendre à un dîner offert, en 1959, par un des metteurs en scène les plus en vue de Moscou.

Tandis que j'étais en train de nouer ma cravate, ma femme me dit soudain :

– Il y aura, parmi les invités, un des grands chefs, responsable de la culture au Comité de Moscou du Parti. Nous étions de la même promotion à l'Institut des études théâtrales. Je sais quel genre d'homme c'est et, je t'en prie, ne te lance dans aucune discussion « particulière ».

– Je garderai tout simplement le silence, répondis-je.

Le « chef » en question se révéla être un homme fort élégant et même non dépourvu de beauté. Pendant le dîner, il était assis en face de ma femme, qui, en tant qu'ancienne camarade d'études, menait avec lui une discussion mondaine du meilleur aloi. Tout était charmant et comme il faut.

Je restais silencieux et émiettais de ma fourchette la sardine qui était devant moi.

On en vint à parler de Remarque, qui, après une longue interruption (de plus de vingt ans) venait d'être publié à Moscou. Le « chef » chantait ses louanges, levait les yeux au ciel, claquait des doigts, ne savait plus quel geste inventer pour exprimer l'intensité de son admiration. Je m'occupais toujours de ma sardine.

Soudain, ma femme déclara que Remarque n'était, finalement, qu'un épigone, alors que Hemingway, oui, ça c'était quelque chose ! Le chef la corriga, elle lui répondit. La conversation tournait à la dispute.

Chacun restait sur ses positions et le rouge de la colère envahit le visage du « chef » : il n'avait pas l'habitude de voir ses opinions contestées. Ma femme ne remarquait rien et continuait à glorifier sur tous les tons Hemingway (à l'époque, il n'avait pas encore retrouvé son statut d'écrivain officiellement reconnu).

Le « chef » haussa assez brutalement le ton.

Je continuais à m'occuper de ma sardine comme si je n'étais en rien concerné.

Soudain, chauffé à blanc, l'œil étincelant, le chef tendit dans ma direction un doigt accusateur et rugit :

– Et ceux-là, là ! Ceux-là, ce qu'ils aiment, ce sont les petits bouts de fil de fer tordus ! (il avait en vue l'art abstrait).

La fourchette me tomba des mains. Je me figeai la bouche ouverte. Une queue de sardine devait en dépasser.

Ça alors ! Je n'avais pas ouvert la bouche de toute la soirée, et il s'était débrouillé pour sentir en moi l'ennemi.

En vérité, admirables sont Tes œuvres, Seigneur !

Ernest Hemingway

Offensé

Les opinions de A. G. Gabritchevski sur les événements historiques, sur les œuvres d'art, sur les hommes se caractérisaient, malgré leur brièveté, par une étonnante exhaustivité et une grande unité ; elles donnaient toujours la possibilité à son lecteur ou à son interlocuteur de poursuivre librement sa réflexion. Il n'imposait jamais rien (alors qu'il possédait une autorité sans pareille et un charme unique) ; de plus, il était toujours, je dis bien toujours, parfaitement objectif.

Aussi fus-je aussitôt mis en alerte quand, un jour, la conversation tomba sur Pasternak et que j'entendis, dans les intonations de Gabritchevski, une nuance non dissimulée de dédain. A l'époque, Pasternak n'était plus seulement un grand poète russe, c'était un héros national. Les intonations dédaigneuses exigeaient une explication et j'interrogeai directement Gabritchevski sur son attitude à l'égard de Pasternak.

– Pasternak, c'est une poésie de datcha.

– Mais pourquoi donc ?

– Vous n'avez peut-être pas remarqué que dans ses meilleurs poèmes, il est toujours en route vers sa datcha ou sur le chemin du retour après la datcha...

Ces poèmes de Pasternak sont, en effet, merveilleux mais ils ne sont ni mieux ni plus importants que bien d'autres. Ce jugement de Gabritchevski, par sa partialité, se distinguait radicalement de tout ce que je l'avais entendu dire à ce jour. Il l'avait même prononcé avec une certaine agressivité. Cela devenait vraiment étonnant et demandait une explication. Il fallait comprendre d'où venaient cette colère et ce dédain. Je posai, avec prudence, encore une ou deux questions.

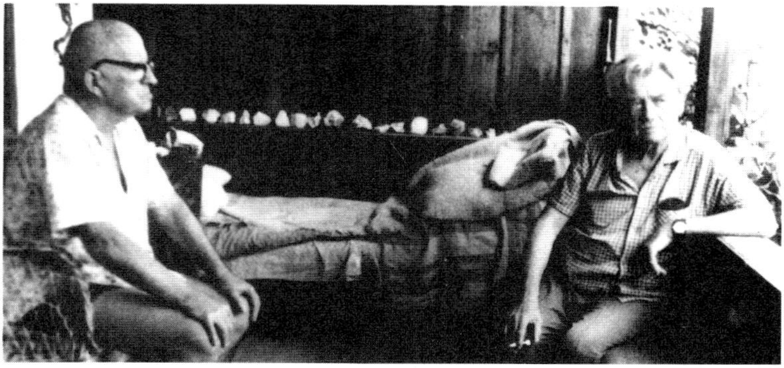

A. Gabritchevski et H. Neuhaus,
sur le balcon de la maison de Gabritchevski à Koktebel, 1963.

– Et ce roman ! Son *Docteur Jivago !* Tu me connais, n'est-ce pas ? Tu connais Gari (Henrich Neuhaus) ? Tu as vu chez nous beaucoup de gens de notre génération. Peux-tu t'imaginer qu'une de ces personnes, ou Gari, ou moi-même puissions nous comporter de manière aussi folle que ce docteur Jivago dont on nous rebat les oreilles. Or, c'est de nous que ce roman parle. Tu ne comprends donc pas que moi, moi, je suis le docteur Jivago ! Absurde !

Il criait presque.

Portrait de Boris Pasternak,
au-dessus, en russe :
Le Docteur Jivago est à Paris.

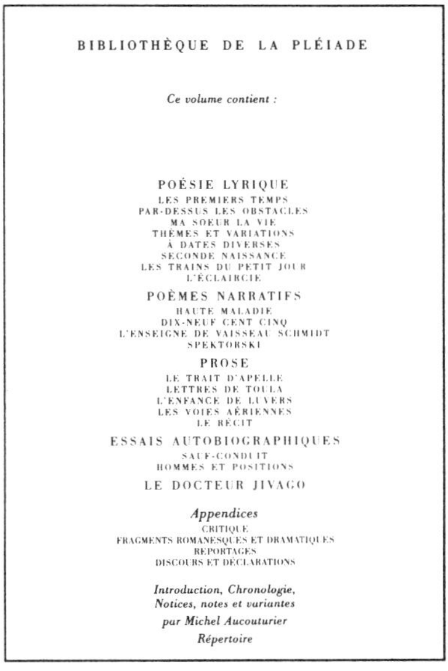

BIBLIOTHÈQUE DE LA PLÉIADE

Ce volume contient :

POÉSIE LYRIQUE
LES PREMIERS TEMPS
PAR-DESSUS LES OBSTACLES
MA SOEUR LA VIE
THÈMES ET VARIATIONS
À DATES DIVERSES
SECONDE NAISSANCE
LES TRAINS DU PETIT JOUR
L'ÉCLAIRCIE

POÈMES NARRATIFS
HAUTE MALADIE
DIX-NEUF CENT CINQ
L'ENSEIGNE DE VAISSEAU SCHMIDT
SPEKTORSKI

PROSE
LE TRAIT D'APELLE
LETTRES DE TOULA
L'ENFANCE DE LUVERS
LES VOIES AÉRIENNES
LE RÉCIT

ESSAIS AUTOBIOGRAPHIQUES
SAUF-CONDUIT
HOMMES ET POSITIONS

LE DOCTEUR JIVAGO

Appendices
CRITIQUE
FRAGMENTS ROMANESQUES ET DRAMATIQUES
REPORTAGES
DISCOURS ET DÉCLARATIONS

Introduction, Chronologie,
Notices, notes et variantes
par Michel Aucouturier
Répertoire

Carré noir

A. Gabritchevski commença son petit exposé sur la peinture contemporaine, prononcé à domicile, par la considération suivante :

– En tous temps, chez tous les peuples, la peinture a été une « ouverture dans un mur ». Quand, en 1914, je vis

Malevitch, *Carré Noir*, 1913.

dans une exposition le *Carré noir* de Malevitch, je compris qu'on avait muré cette « ouverture ».

La voix des élus

Je montrai à Dmitri Kabalevski ma *Troisième symphonie* dans sa transcription pour piano. Il était à l'époque, en plus de toutes ses autres fonctions, président de la section des jeunes à l'Union des compositeurs.

Pendant l'audition, j'entendais, venant de son côté, des grognements de désapprobation et je découvris à mon grand étonnement, qu'il ne tournait pas à temps les pages de ma partition, assez simple d'ailleurs, et qu'il retardait d'environ trois ou quatre pages.

La musique s'arrêta.

– Kolia ! Qu'est-ce qui t'arrive ? Je ne reconnais plus le Karetnikov d'antan ! D'où vient cet envol mystique ? (Encore aujourd'hui, je cherche à comprendre ce qu'il avait en vue.)

Et il continua sur le même ton. Rien que des exclamations et pas la moindre argumentation logique.

Deux jours plus tard, je présentai ma symphonie à la section des jeunes. Kabalevski était absent.

Le lendemain, je fus convoqué chez Vladimir Krioukov [30], un des secrétaires de l'Union des compositeurs.

– Nikolaï Nikolaïevitch, nous avons appris que vous avez composé une nouvelle symphonie ; alors voilà, nous souhaiterions en prendre connaissance.

– Qui cela « nous » ?

– Je veux dire le secrétariat de l'Union des compositeurs de l'URSS.

– Et pourquoi donc cette envie ?

Voyez-vous, nous avons appris que votre œuvre a un contenu quelque peu étrange, pour ne pas dire plus, et qu'elle est d'une écriture légèrement suspecte. Alors, tous ensemble, nous pourrions en discuter.

– Mais puisque j'ai fait écouter ma symphonie avant-hier à la section des jeunes et qu'elle a été pleinement approuvée. C'est la *vox populi !*

– Ce n'était pas la *vox populi* mais la *vox nobili !*

Je refusai de me présenter au secrétariat.

On était en 1959. La *Troisième symphonie* fut jouée pour la première fois en 1970.

Maison de Pasternak à Peredelkino.

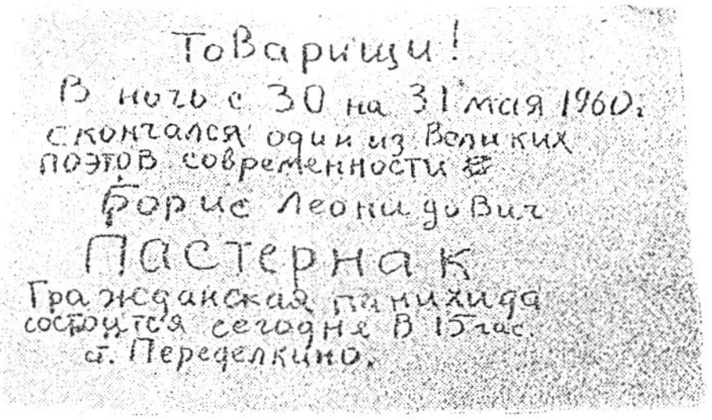
Товарищи!
В ночь с 30 на 31 мая 1960 г.
скончался один из великих
поэтов современности
Борис Леонидович
ПАСТЕРНАК
Гражданская панихида
состоится сегодня в 15 час.
ст. Переделкино.

Annonce écrite à la main
et collée à la gare de Kiev à Moscou:
" Camarades.
Dans la nuit du 30 au 31 mai 1960
l'un des plus grands poètes de nos jours,
Boris Leonidovitch Pasternak est mort.
Un meeting de deuil aura lieu aujourd'hui
à 15 heures au village de Peredelkino."

Deux enterrements

Dès l'étang de Peredelkino [31], on voyait les voitures aux plaques moscovites ou diplomatiques garées les unes contre les autres, le long de la route et dans les rues avoisinantes. La milice organisait énergiquement le parking. Il avait fallu parcourir un bon kilomètre à pied.

Une foule énorme, d'au moins cinq mille personnes, composée de Soviétiques et d'étrangers, occupait le champ devant la maison de Pasternak. Il n'y avait pas le moindre bruit, à l'exception du bruit des pas sur le sol.

Dans la cour, il y avait moins de gens et l'on commençait à rencontrer des têtes connues. De toutes les personnes que je connaissais à l'Union des écrivains, je ne vis que Ilia Zverev [32]. Plus tard, on me dit qu'il y avait également Paoustovski [33], mais je ne savais pas à quoi il ressemblait. Neuhaus, la tête sur la poitrine, se tenait près du perron. On ne saluait pas.

On entendait, à peine perceptibles, les sons funèbres d'un piano. Youdina et Richter jouaient à tour de rôle quelque part dans les pièces du fond.

Boris Nikolaïevitch Livanov [34] descendit du perron ; il s'approcha de Neuhaus et chuchota : « Eh bien, Heinrich, nous voilà orphelins... » Ce fut l'unique phrase que j'entendis pendant ces longues minutes. Seul régnait le frottement des pas des gens qui continuaient à arriver.

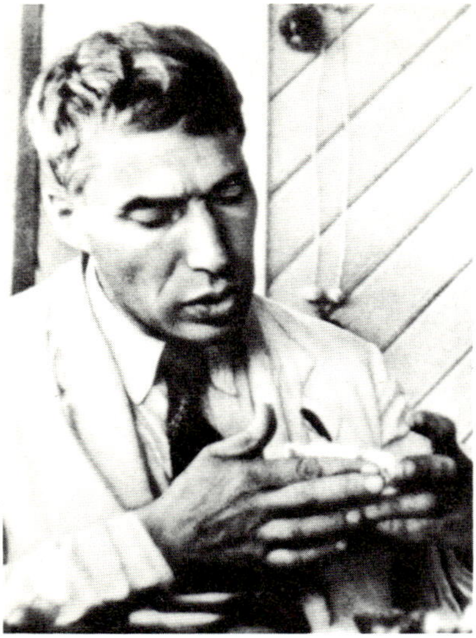

Pasternak en 1948.

Croquis au fusain
de Pasternak par son père,
l'académicien Leonid Pasternak, 1923.

J'entrai dans la maison. A la tête du cercueil, se tenaient les deux fils, Génia et Lionia, et à ses pieds Zinaïda Nikolaevna. Les gens, le long des murs, restaient immobiles et silencieux.

Un employé des pompes funèbres du Litfond entra dans la pièce et ordonna :

– Allez-y...

On souleva le cercueil mais il apparut qu'on ne pouvait le sortir de la pièce. Tenu à l'horizontale, il ne pouvait pas tourner. Lentement, précautionneusement, on monta le cercueil à la verticale et l'on aurait dit que Boris Léonidovitch s'était levé pour voir une dernière fois sa maison. Tout se déroulait dans un silence absolu.

Une fois dans la cour, des dizaines de bras s'emparèrent du cercueil ; seuls les deux fils, devant, portaient le cercueil sur leurs épaules ; derrière eux, les personnes soutenant le cercueil étaient si nombreuses qu'elles ne pouvaient le porter que du bout des doigts.

Sur la route, devant le portail, l'autobus funéraire du Litfond attendait. Les portes de derrière en étaient ouvertes et le chauffeur invita par gestes à placer le cercueil à l'intérieur, mais, toujours par gestes, on refusa. La procession s'ébranla ; l'autobus roulait devant et le chauffeur renouvelait de temps à autre son invitation, mais personne ne lui prêtait plus attention.

Quand le cercueil flotta au-dessus des têtes de la multitude, on n'entendit que les déclics des appareils photos et ce continuel frottement de milliers de pieds sur le sol. Les éclairs des flashes s'allumaient ici ou là : des étrangers soulevaient leurs appareils photos et leurs caméras au-dessus de la foule. Je voyais cela pour la première fois de ma vie.

Il faisait de plus en plus chaud.

Je soutenais le cercueil au tout dernier rang. A un moment, je sentis dans mon dos un corps lourd et fort peser sur moi ; j'entendis un souffle rauque et court. Tournant la tête, je vis le visage de Lev Kopelev [35]. Je

Mikhaïl Zochtchenko.

savais qu'il venait d'avoir un infarctus. Sans rien voir autour de lui, il tendait sa main dans l'espoir de pouvoir au moins toucher le cercueil du bout de ses doigts tremblants. Il semblait s'être concentré tout entier dans ses doigts.

Je dus, pour lui céder ma place, m'asseoir littéralement par terre car il était impossible de faire le moindre pas de côté. Lev m'enjamba et atteignit le cercueil ; une sorte d'apaisement se peignit sur son visage.

Je pouvais voir maintenant tout ce qui se passait.

Le gros de la foule suivait la route, une petite partie coupait à travers champ en une mince procession. Cela évoquait son poème *Août ;* à l'approche du cimetière, certains même durent se frayer un chemin à travers l'aulnaie

Et vous alliez, par une aulnaie tremblante
Et nue et misérable, au cimetière,
Où la forêt, d'un rouge de gingembre,
Luit comme un pain d'épice à la lumière *.

Quand le cercueil passa, quelques têtes des « frères écrivains » et des membres de leurs familles se montrèrent derrière la palissade qui entourait la maison de repos de l'Union des écrivains. Aucun d'eux ne vint se joindre au cortège funèbre. On déposa le cercueil au bord de la fosse creusée au flanc du cimetière. Valentin Ferdinandovitch Asmus [36] se plaça à sa tête et commença son discours, entouré toujours par le même silence impressionnant. Ce discours est bien connu. Il y dit tout ce qu'il fallait dire, enfin, à voix haute.

Après le discours, on se mit aussitôt à descendre le cercueil dans la fosse mais, pris d'une hâte aussi soudaine qu'étrange, on le mit la tête en bas, dans le sens de la pente.

Ensuite, beaucoup de gens prirent la parole et presque tous récitaient *Août.* Le dernier à prendre la parole fut un matelot en maillot rayé et caban ; lui aussi récita *Août.*

* Iouri Jivago, « Août », trad. de M. Aucouturier. Bibl. de la Pléiade, 1990.

Comme à l'aller, une partie de la foule s'en retourna par la route et une autre à travers champs.

Plus que par tout le reste, je fus frappé par le silence terrible et angoissé qu'emplissait le souffle de milliers de personnes et par le bruit de milliers de pas lents. Je l'ai retenu pour toujours et jamais nulle part je ne l'ai plus entendu.

Le lendemain je racontai tout cela, de façon bien plus détaillée, à Mikhaïl Yourievitch Bleiman.

– Ah, mon petit Kolia, dit Mikhaïl Yourievitch en me regardant de ses yeux pleins d'intelligence et d'une extraordinaire bonté, des yeux légèrement globuleux comme ceux d'un vieux chien, tu sais, bien sûr, que l'enterrement d'un homme est en liaison directe avec ce qu'il a fait durant sa vie... Souviens-toi des funérailles de Prokofiev ou bien de Tchekhov, dont on a transporté le corps à travers toute l'Allemagne dans un wagon chargé d'huîtres. Je ne parle même pas de Staline. Il y a là une logique infaillible et ce n'est donc pas étonnant que Boris Léonidovitch ait eu un tel enterrement. A propos, tu ignores sûrement comment a été enterré Zochtchenko [37] ?

Je répondis que non, en effet, je ne savais pas.

– Alors, je vais te le raconter.

Ce qui suit est le récit exact de Bleiman.

– On installa le cercueil de Zochtchenko dans la maison des écrivains de Léningrad. La cérémonie commença devant une foule énorme. Ceux qui n'avaient pas pu entrer s'étaient groupés dans la rue. Le premier à monter sur l'estrade fut l'excellent écrivain léningradois Leonid Borissov. Il commença ainsi : « Aujourd'hui nous disons adieu à un grand écrivain russe... » Mais il n'avait pas achevé sa phrase que surgissait derrière lui Alexandre Prokofiev, le président de la section léningradoise de l'Union des écrivains. Il poussa Borissov hors de l'estrade et le corrigea : « Non, le défunt n'était pas un grand écrivain russe ; il était seulement un écrivain soviétique de talent ! » A son tour, Borissov poussa Prokofiev et reprit : « Aujourd'hui, nous enterrons le grand écrivain russe. »

Peredelkino, 2 juin 1960, l'enterrement de Boris Pasternak.

Prokofiev refit descendre Borissov et répéta : « Non, le défunt était seulement un écrivain de talent ! »

Ils continuèrent ainsi pendant quelque temps.

L'atmosphère funèbre se dissipait. Ce qui se passait rappelait par trop un récit de Zochtchenko que ce dernier aurait, par inadvertance, omis d'écrire.

On vint à bout tant bien que mal de la cérémonie et l'on se mit en branle pour le cimetière. Quand la foule arriva à la tombe, le défunt n'y était pas. On l'attendit une heure, puis deux heures ; le cercueil avec le défunt arriva au début de la troisième heure. On l'avait transporté, comme en son temps le corps de Pouchkine, par les arrières de la ville.

Leonid Borissov grimpa derechef sur le monticule de terre fraîche et déclara : « Aujourd'hui, nous disons adieu à un grand écrivain russe ! » Et de nouveau, Alexandre Prokofiev le jeta à bas du monticule et affirma que Zochtchenko n'était qu'un écrivain soviétique de talent. Cela s'interrompit seulement lorsque Borissov glissa et tomba dans la fosse ouverte. On l'en sortit à l'aide des cordes prévues pour descendre le cercueil.

Ça n'était pas triste.

Alexandre Vertinski
dans le spectacle de *Pierrot Le Triste*.

Un artiste « du peuple » [38]

Les murs des deux pièces mitoyennes étaient couverts de toiles : sujets tirés de la littérature russe, églises, chapelles, portraits aux yeux agrandis avec toujours, au coin d'yeux démesurément agrandis, la même larme et enfin le corps du prince Dimitri, l'enfant assassiné, baignant dans une flaque de peinture rouge. C'était désolant.

Le peintre, absent, était remplacé par sa femme. Elle récitait, tel un guide expérimenté, le texte bien rodé du programme.

Quand nous entrâmes, il y avait déjà, installées sur le canapé, deux dames d'âge balzacien, en train de pousser des sanglots admiratifs. Nos femmes se joignirent aussitôt au chœur. On pouvait voir sur un chevalet un portrait de clown exécuté dans la technique du collage. Le magnétophone, en pleine conformité avec le clown, faisait entendre des chansons de Vertinski [39].

Très vite, et la peinture et la représentation qui nous étaient données me déplurent et je me retirai dans la petite cuisine où, pour une raison inconnue, il y avait une grande baignoire de marbre. Je m'assis sur le bord de celle-ci, m'allumai une cigarette et attendis la fin de toute cette comédie.

Au bout d'un certain temps, j'entendis claquer la porte d'entrée et presque aussitôt, je vis faire irruption dans la cuisine un pianiste connu, un ancien camarade de classe.

– Tu as vu ? hurla-t-il. As-tu déjà vu quelque chose de semblable ?

– J'ai souvent vu bien mieux.

– Mais non ! Tu ne comprends rien ! C'est un génie ! Nous n'avons personne de semblable.

– Je te répète qu'il y en a, et bien meilleurs que lui.

Le pianiste, perplexe, se tut.

Le maître de maison arriva. Les dames l'entourèrent aussitôt avec toujours les mêmes sanglots admiratifs dans la voix. Ce devait être un profond connaisseur de l'âme humaine car, quand il vit l'expression de mon visage, il comprit aussitôt que c'était avec moi qu'il devait mettre les choses au clair. Sans prêter la moindre attention aux couinements des dames, il franchit leur groupe dans ma direction et s'arrêta à une distance malcommode pour la conversation, dans les deux mètres.

– Et vous, ça ne vous plaît pas ? demanda-t-il.

– Non.

– Rien ?

– Non, rien.

– Peut-être n'aimez-vous que l'art abstrait ?

– Mais non, pourquoi ? Quand c'est un réalisme authentique, j'aime aussi.

– Ah bon... Vous êtes un type du genre de ceux qui aiment leur femme, aiment leur maîtresse, se masturbent et en plus sont en ménage avec leur bouilloire !

– S'il y a des gens qui font ça, ça les regarde.

Le peintre, me transperçant du regard, sortit lentement de sa poche un coup-de-poing américain nickelé, le passa et, serrant le poing, fit mine de l'examiner attentivement. Les dames poussèrent des cris de ravissement :

– Oh, mon dieu, qu'est-ce que c'est que cette jolie petite chose ?

Sans répondre, il continua son examen.

– Partons d'ici, dis-je aux miens et nous sortîmes rapidement.

Complément à l'histoire du costume

Karetnikov en 1935.

En ce temps-là, les hommes portaient des pantalons larges. Chez les gens ordinaires, les pantalons, sans être élégants, restaient décents. Mais les bureaucrates et les personnes de mérite portaient des pantalons deux fois plus larges que les autres ; ils étaient comme le signe distinctif de leur appartenance à une caste.

J'étais encore tout abasourdi quand je vins, ce jour-là, rendre visite à Gabritchevski, car je venais de terminer la lecture des manuscrits de ses articles sur l'art ; une grosse chemise avec des textes aussi bien sur les arts plastiques que la musique ou l'architecture. J'avais été particulièrement frappé par ses articles sur la philosophie de l'architecture, sujet que j'ignorais totalement jusqu'alors ; j'avais dû m'y reprendre à plusieurs reprises pour comprendre quelque chose. Je savais que cette chemise ne représentait peut-être qu'un dixième de ce qu'il avait écrit et dont presque rien n'avait été publié.

Gabritchevski écouta mes épanchements enthousiastes mais son visage restait sombre.

– Tu ne peux pas ne pas comprendre, me dit-il quand je me tus, que, au fond, je ne me suis pas réalisé.

– Comment pouvez-vous dire cela ? Tout cela existe !

– Ce n'est jamais qu'une chemise de papiers, et il se peut que tout en reste là.

– Je suis convaincu que tôt ou tard tous vos travaux seront publiés !

– Je n'y crois pas.

– Mais vous avez également fait cours à l'Académie de l'architecture et à l'université. Vous avez eu beaucoup d'élèves et ce qu'ils ont appris de vous n'a pu disparaître sans laisser de traces !

– Quand je faisais mes conférences, je voyais devant moi de jeunes et beaux visages et j'avais l'impression qu'ils me comprenaient et que tout ce que j'essayais de leur transmettre et de leur expliquer resterait en eux. Mais une dizaine d'années s'écoulait et, parfois, il m'arrivait de rencontrer l'un d'eux dans la rue. Et – horreur ! – je remarquais qu'il portait des pantalons larges comme ça !

Gabritchevski écarta les mains pour me montrer leur largeur.

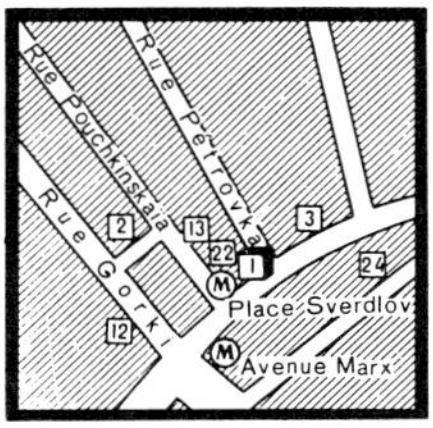

Théâtre Bolchoï
et fragment
du plan de Moscou
le situant, n° 1.

Un remède contre la vanité

L'orchestre fameux du Bolchoï n'avait jamais joué de musique écrite selon le système dodécaphonique avant 1961, date à laquelle on monta mon ballet *Vanina Vanini.*

Une tension nerveuse s'instaura dès la première répétition. Les musiciens ne comprenaient ni n'acceptaient ma musique. Ils étaient perdus et tournaient la tête dans tous les sens quand la phrase commencée par un instrument était poursuivie par un autre. Peu à peu j'eus la conviction, tout comme les musiciens eux-mêmes, qu'ils ne pourraient jouer proprement mon ballet.

L'orchestre devait se trouver des moyens de défense pour ne pas se faire accuser d'incompétence professionnelle. Et il prit une décision dont il ne m'informa pas.

Quand nous quittâmes la salle de répétition pour la grande salle, les danseurs se mirent à protester en criant qu'ils n'entendaient pas la musique. Moi-même, d'ailleurs, assis au centre du parterre vide, j'eus immédiatement l'impression que l'orchestre jouait enveloppé dans une épaisse couverture d'ouate. Il ne me restait plus qu'à penser que j'avais désappris à orchestrer et que j'avais, à coup sûr, commis des erreurs grossières dans ma partition.

La répétition achevée, j'emportai les partitions chez moi et doublai des pupitres.

Le lendemain, je ne notai aucun changement perceptible dans l'ampleur de l'orchestre et je remportai à nouveau les partitions pour procéder à de nouvelles doublures.

Les musiciens de l'orchestre, ayant remarqué que j'emportais les partitions à la maison, entrèrent en correspondance avec moi. Le plus souvent, je trouvais des mots injurieux ou moqueurs à mon égard ou à l'égard de ma musique ; parfois c'étaient des exclamations pathétiques pleines de compassion au sujet de l'avenir qui m'attendait. Dans une des partitions, je découvris même une image de Tchaïkovski avec une citation : « La mélodie est l'âme de la musique. » Je répondais aux mots qui me plaisaient.

Le lendemain, je me mis, avant que la répétition commence, au bord de la fosse et j'observai les musiciens qui couraient d'un pupitre à l'autre pour lire mes réponses : ma présence ne les dérangeait pas le moins du monde. Une grande animation régnait dans l'orchestre, mais le son était toujours le même. Le désespoir me gagnait.

Des informations sur ce qui passait hors de la scène et de la fosse d'orchestre commencèrent à parvenir jusqu'à moi. Les musiciens étaient allés voir la direction du Bolchoï, avaient téléphoné au ministère de la Culture et au Comité central du Parti. Ils exigeaient qu'on tire au clair quel genre d'homme j'étais : « Qui est-il ? Quand et avec qui a-t-il fait ses études ? Est-il un vrai soviétique ? »

Je vis apparaître dans la salle des personnes appartenant à l'Union des compositeurs, faisant partie de ce qu'on appelait « les dirigeants de deuxième catégorie ». Ils s'installaient sans faire de bruit quelque part au fond de la salle et s'en allaient aussitôt la répétition terminée.

Maintenant, les musiciens affirmaient, sans même se cacher de moi, qu'ils allaient faire tout ce qui était en leur pouvoir pour que mon ballet ne soit pas accepté lors de sa représentation devant le Conseil artistique. Les plus enragés étaient les premiers pupitres des premiers violons, « l'aristocratie » de l'orchestre.

Le son était toujours le même. Je prenais à nouveau les partitions à la maison et je doublais et redoublais encore et encore.

Je mettais dans une seule note et les cordes et les cuivres et les bois mais, dans la salle comme sur scène, on

Karetnikov avec Natalia Kasatkina et Vladimir Vassilov,
après la première de *Vanina Vanini* au Bolchoï, 1962.

n'entendait toujours rien. Des bouffées de haine montaient de la fosse.

Au neuvième jour des répétitions, pendant une pause, un des violons, qui avait fait ses études à l'École centrale de musique en même temps que moi, m'expliqua enfin le mystère du son « étouffé » de l'orchestre :

– Ils ont décidé, me confia-t-il, d'organiser une grève « à l'italienne ». Ils se sont mis d'accord pour tout jouer pianissimo.

Quand le chef d'orchestre Juraïtis [40], qui dirigeait mon ballet, reprit la répétition, je m'approchai de lui, interrompis la musique et lui expliquai la situation. Il se tourna vers l'orchestre :

– Si vous ne me sortez immédiatement un fortissimo, j'écris sur-le-champ un rapport à la direction du Bolchoï ! Il indiqua l'ouverture et un véritable tonnerre retentit dans la fosse. J'arrêtai à nouveau la répétition :

– Vous ne jouez pas les notes rajoutées au crayon, criai-je à l'orchestre.

Maintenant, tout le monde entendait la musique sur scène et moi-même j'étais satisfait de la sonorité dans la salle. La générale fut fixée à trois jours.

Vanina Vanini, Bolchoï, 1962. ⇨

La veille, je téléphonai à Chostakovitch :

– Dmitri Dmitrievitch, n'auriez-vous pas deux ou trois heures libres demain matin ?

Il me répondit que oui, et je lui expliquai quelle était la situation.

– Je vous prie instamment de venir et, si la musique vous plaît, de la défendre !

– Je viendrai sans faute, pour ainsi dire, sans faute, je viendrai et je ferai tout, pour ainsi dire, tout ce qui dépend de moi, pour ainsi dire.

Habituellement, on invite à une générale de ballet au Bolchoï tous les danseurs qui ne sont pas occupés dans le spectacle, les retraités de la maison, les élèves de l'école de danse, les membres de l'Union des compositeurs, la presse. Mais ce jour-là, les portes du théâtre restèrent bloquées, les gens restèrent devant à se demander ce qui se passait, tandis que dans la salle déserte siégeait un petit groupe de fonctionnaires du ministère de la Culture, les membres du Conseil artistique et quelques dirigeants de « deuxième catégorie » de l'Union des compositeurs. Chostakovitch était là.

L'orchestre joua comme il put, il se trompait tantôt dans les mesures paires, tantôt dans les mesures impaires et parfois dans les deux, mais, malgré tout, il était possible de comprendre à quelle musique on avait affaire.

L'assistance se dirigea vers le bureau du directeur. Quand j'entrai, les représentants des premiers violons, les mains sur les hanches, m'y attendaient déjà. Ils avaient sur leurs visages l'expression de loups s'apprêtant à régler son affaire à un agneau.

On donna la parole en premier à Chostakovitch. Il se leva et proféra un pur mensonge :

– Je félicite, pour ainsi dire, de tout mon cœur, je félicite l'orchestre du Bolchoï qui a brillamment, pour ainsi dire, brillamment exécuté cette partition des plus difficiles, des plus difficiles, pour ainsi dire.

Puis il expliqua aux présents différentes caractéristiques de mon symphonisme.

L'affaire était réglée.

Les mains des violonistes s'abaissèrent le long de leurs flancs en position de garde-à-vous, leurs visages sombrèrent dans la confusion et aucun de ceux qui prirent la parole à la suite de Chostakovitch n'osa le contredire. On autorisa la représentation du ballet.

A l'issue de la première, la salle éclata en applaudissements, des bravos retentirent. Le rideau se relevait et je venais saluer encore et encore.

Il est facile d'imaginer mon état d'esprit en cet instant : j'avais trente ans, j'étais entré au Bolchoï sans aucun appui, sans recommandation du ministère de la Culture ; j'avais mené une dure bataille contre l'orchestre et je venais saluer dans la salle la plus prestigieuse de l'Union soviétique ! J'avais triomphé ! Le parterre, les loges, les balcons, les projecteurs, l'énorme lustre, les habitants du Parnasse peints au plafond, tout venait fondre sur moi et m'emplissait d'un orgueil vaniteux.

Enfin, à un rappel, tout en saluant, je jetai un regard à mes pieds et l'orchestre m'apparut... Ils étaient tous debout et m'applaudissaient, les uns en frappant dans leurs mains, les autres avec leurs archets. Ils avaient été retournés comme une girouette.

Et je compris que le succès ne voulait rien dire.

Dmitri Chostakovitch,
et en-tête du programme du Bolchoï pour *Vanina Vanini*,
avec le sigle du Bolchoï

Deux
" visions "
de Staline.

Voyage sentimental

« C'est une chose plus forte
que le *Faust* de Goethe »
Joseph Staline [41]

Quand prend fin la saison d'été à Koktebel, on ne peut trouver un billet de retour pour Moscou qu'avec l'aide de la Maison des écrivains. C'est ainsi que nous nous retrouvâmes, ma femme et moi, dans un wagon littéralement bourré de membres de l'Union des écrivains. Nous avions des billets dans des compartiments différents et je commençai par installer ma femme. Les événements fantastiques commencèrent presque aussitôt. Quand, après l'éclatant soleil du midi, j'entrai dans le compartiment, je ne pus, au prime abord, distinguer les visages des gens. Mais une fois que j'eus mis la valise sur l'étagère à bagages et que je me retournai, je vis un homme de haute taille, aux cheveux blancs, qui me fixait d'un œil approbateur. Il me tendit sa main, une main gigantesque et plate, rappelant la main de Chaliapine dans les photos de Don Basile.

– Prince Mechtcherski, se présenta-t-il d'une voix de basse. (Peut-être n'était-ce pas le prince Mechtcherski mais le prince Mychetski ou Lobanov-Rostovski, je fus à ce point abasourdi que je ne retins pas son nom mais je me souviens que c'était un nom appartenant à la plus haute noblesse russe.)

Je me présentai à mon tour.

– Dites-moi, fit-il sans le moindre préambule, vous collaborez avec les bolcheviks ?

Je marmonnai quelque chose dans le genre de : « Cela m'arrive parfois. »

– Eh bien moi, j'ai immédiatement adhéré au Parti ! J'ai tout de suite compris qu'il n'y avait pas d'autre voie possible.

Et il m'attrapa par les revers de mon veston et m'entraîna dans le couloir où il m'expliqua pendant encore un bon moment toute l'utilité de son geste. Je pus enfin, sans avoir rien dit à mon interlocuteur, retourner dans le compartiment qui ne manquait pas d'intérêt, lui non plus. Les deux compagnes du prince étaient des petites vieilles que j'avais d'abord cru du même âge. Il s'avéra que l'une était sa femme et l'autre sa belle-mère ; celle-ci tenait sur ses genoux un énorme matou (or, c'est un fait établi que quand on voit un chat, le Malin n'est pas loin).

Les deux femmes regardaient avec le plus grand intérêt par la fenêtre, montraient du doigt les paysages qui défilaient et s'exclamaient en chœur :

– Oh, mais ça, ce sont les terres des Golitsyne ! Là, ce sont nos terres ! Celles-ci appartiendraient bien aux Cheremetiev... ou peut-être bien que non... peut-être qu'elles appartiennent aux Kourakine ? Celles-là, en tout cas, c'est sûr, c'est à nous !

Je décidai que cela me suffisait pour un début et allai rejoindre mon propre compartiment. J'y fus accueilli par les reflets d'un pince-nez bério-molotovien qui ornait le visage de notre ancien représentant à l'ONU, devenu depuis membre de l'Union des écrivains. Sur l'autre couchette du bas, en dessous de la mienne, Marietta Sergueïevna Chaguinian [42] était confortablement installée. Comme à l'accoutumée, lorsqu'elle était en train de parler avec quelqu'un, elle tenait devant son nez le micro de son appareil auditif, comme si elle voulait s'écouter elle-même. Je saluai mes compagnons de voyage, montai sur ma couchette, m'allongeai, repris ma lecture préférée de l'heure (le deuxième volume de l'*Histoire de la Russie* de

Klyoutchevski) et me délectai, une fois de plus, en lisant le chapitre sur Ivan le Terrible, la définition de son règne et sa biographie. Plongé dans mon livre, je ne prêtai pas attention, au début, à la conversation qui se tenait à l'étage inférieur. Peu à peu, le Klyoutchevski me glissa des mains, mes paupières s'alourdirent et je m'endormis, bercé par le bruit rythmé des roues du wagon. Je ne sais combien de temps dura mon sommeil, mais quand je m'éveillai, dérangé par la voix perçante de la vieille Chaguinian, j'entendis le dialogue suivant :

– Mais moi, je dis que c'était un homme génial, un véritable génie ! Aujourd'hui, beaucoup de gens ne le comprennent absolument pas, spécialement les jeunes. D'ailleurs, ce sont tous des fascistes ! Ils ne connaissent rien et ne veulent rien connaître ! Bien sûr, comme tout être humain, il a pu commettre des erreurs, mais que sont-elles à côté de ce qu'il a fait !

– Oui, bien sûr, vous avez parfaitement raison ! Je suis pleinement d'accord avec vous ! approuva le baryton velouté de « notre représentant à l'ONU ». En effet, les jeunes ne comprennent rien et ne savent rien. Évidemment, il n'a pas toujours eu raison, mais l'essentiel de ce qu'il a fait est grandiose ! C'est justement le sujet du livre que j'écris en ce moment. Je m'efforce d'être objectif...

Mon cerveau, embrumé par le sommeil, ne parvenait pas à comprenddre de qui il s'agissait : d'Ivan le Terrible ou de quelqu'un d'autre.

– Quand, dans le temps, j'ai voulu publier mon livre sur Goethe, poursuivait paisiblement la petite vieille, l'éditeur voulut m'obliger à inclure dans mon manuscrit sa célèbre phrase sur le *Faust* de Goethe et le poème en prose de Gorki *La Jeune Fille et la mort.* Je considère, et je considérais déjà à l'époque, que ce jugement fait partie, précisément, des erreurs du grand homme, et j'avais refusé de l'inclure. Et lors de la réunion du conseil éditorial de l'Académie des sciences, Vavilov, le président de l'époque, me dit à l'oreille, en passant derrière moi : « Marietta Sergueïevna, ne vous entêtez pas ! De toute façon, ils la mettront, cette phrase. » Et c'est ce qu'ils firent ! Aujourd'hui, il est question de rééditer mon livre et l'on veut maintenant que j'enlève la citation ! Mais je ne l'accepterai pour rien au monde !

Je comprenais maintenant qui était l'objet de leur conversation. Je sentais qu'encore un peu et j'exploserais de rage. Voulant l'éviter, je descendis doucement de ma couchette et commençai à enfiler mes chaussures. C'est alors que mon visage se trouva juste en face du micro de l'appareil auditif.

– Vous sortez ? demanda la vieille en me mettant le micro carrément dans ma bouche.

Et là, poussé assurément par le diable, au lieu de me taire et de sortir, je ne me retins plus.

– Je ne peux plus entendre cela ! criai-je d'une voix étranglée en la fixant droit dans les lunettes. Cet homme a coûté à notre pays soixante millions de morts !

Chaguinian prit aussitôt une couleur rouge framboise et se mit à hurler :

– Fasciste ! Fasciste ! Scélérat ! Fiche-moi le camp immédiatement ! Dehors ! Fasciste ! Fasci...

Elle s'étrangla et ses yeux se révulsèrent. Je me dis qu'il valait mieux que je sorte. Dieu merci, je m'étais déjà rechaussé.

Je tombai sur Ilia Zverev, debout à côté de notre compartiment ; l'intérêt le plus vif se peignait sur son visage.

– Qu'est-ce que tu lui as donc dit pour qu'elle hurle ainsi à travers tout le wagon ? me demanda-t-il aussitôt.

– Tu comprends, ils sont en train de chanter les louanges de Joseph, alors je n'ai pas pu me retenir et je leur ai dit quelques vérités.

– Laisse tomber ! On s'en fiche d'elle et de son Joseph ! Viens dans mon compartiment. J'ai du poulet froid. Ça te consolera et après, on pourra se faire une partie d'échecs.

Nous mangeâmes le poulet, jouâmes aux échecs. Je gagnai ainsi trois heures. Je ne savais plus que faire quand je me dis qu'après tout j'avais payé mon billet et qu'il me donnait droit à ma couchette. Je me dirigeai vers la tanière de l'ennemi. Dès que j'eus ouvert la porte, la vieille redémarra :

– Fasci...

Mais elle se rendit soudain compte que j'avais un billet pour la couchette du haut et qu'on ne pouvait rien y faire.

Je gagnai ma place.

– Que fait-il ? grinça-t-elle.

La question était posée au « représentant » qui, de sa couchette située en diagonale de la mienne, pouvait suivre les agissements de l'ennemi.

– Il est allongé et il sourit.

Ils se turent. Pendant un moment, nous écoutâmes le silence. Puis la voix grinça à nouveau :

– Je le connais, ce jeune homme.

Elle m'avait souvent vu chez les Gabritchevski et elle m'avait entendu, jadis, quand je donnais des concerts improvisés dans la maison de Volochine. Elle était toujours installée au dernier rang et tenait son appareil auditif au-dessus des têtes de l'assistance.

– Je le connais. Quand nous arriverons à Moscou, j'irai sans faute voir Tikhon Khrennikov [43] et je lui dirai à quoi ressemblent les jeunes compositeurs dans son Union... etc.

Aucune réaction de ma part. Chaguinian s'échauffait de plus en plus. Bouillant de colère, elle sortit dans le couloir. Le baryton velouté donna de la voix.

– Je comprends parfaitement votre légitime colère, jeune homme, mais, quand même, il faut répondre de l'exactitude de ses dires. Dites-moi, je vous prie, d'où sortez vous ce chiffre de soixante millions ?

– Et c'est vous, précisément vous, qui me demandez cela ? m'écriai-je. C'est moi qui devrais vous le demander !

– Mais, quand même, comment êtes-vous parvenu à ce chiffre ? reprit le « représentant » d'une voix conciliante.

– Allons-y, comptons, proposai-je, ne pouvant plus garder le silence. La collectivisation : vingt millions ; la terreur : encore vingt millions ; et enfin la guerre, cela fait encore vingt millions, n'est-ce pas ?

– Pourquoi mettez-vous sur son compte les morts de la guerre ?

– Et c'est vous, vous, qui me demandez cela ?

– Mais encore ?

– Vous savez bien mieux que moi quel fut le début de la guerre et pourquoi. Vous savez aussi quelle fut la suite et avec quelles méthodes nous avons remporté la victoire.

Il préféra laisser tomber la guerre et prendre une autre composante.

– Tous les déportés dans les camps ne sont pas morts !

– Oui, pas tous. Mais pendant les dix, quinze ou vingt ans qu'ils y passèrent, ils étaient morts pour leur pays et pour eux-mêmes. Et ce n'étaient pas des millions de balayeurs, c'étaient des Mandelstam, des Vavilov, des Meyerhold[44] !

J'en tremblai d'émotion.

Dernière photo de O. Mandelstam, trouvée dans son dossier à la prison Boutyrskaya, août 1938.

V. Meyerkhold, 1921.

– Admettez quand même que le chiffre de soixante millions est un peu exagéré.

– Bon, d'accord. Je suis prêt à céder. Disons cinquante millions, quarante, trente millions de victimes. Une victime si vous voulez ! Un innocent assassiné, cela vous arrangerait-il ?

Il ne me dit pas si une seule victime innocente l'arrangeait ou non et notre discussion, qui ressemblait de plus en plus à un dialogue de sourds, s'épuisa bientôt. Je pus enfin abandonner ma position la tête en bas pour retrouver une position allongée normale.

Chaguinian rentra dans le compartiment. Elle jeta un coup d'œil circulaire, tel un général sur le champ de bataille et, dès le seuil, demanda au « représentant » :

– Alors, que fait-il ?

– Nous avons discuté un peu avec le jeune homme et il a reconnu que, dans le feu de la polémique, il a peut-être exagéré le nombre de victimes. Il reconnaît également que tous les déportés ne sont pas morts dans les camps.

– Bon, bon, marmonna-t-elle d'un ton apaisé, alors je donnerai à goûter de la compote au jeune homme.

Quelques minutes plus tard, un pot apparut au niveau de mon visage, il était au bout du bras tendu de Marietta et il contenait de la compote cuite par sa fille Mireille. Il était universellement connu que tout ce qu'elle faisait était fantastiquement bon. Le pot tentateur oscillait devant mes yeux avides, mais je décidai fermement de ne pas manger de cette compote « stalinienne ». Le pot redescendit. Et j'entendis à nouveau, venant d'en bas, les mêmes grincements que tout à l'heure à propos de l'appauvrissement des esprits, de la jeunesse, de Khrennikov qu'on irait voir dès le retour : « Je connais ce jeune homme et quand je serai à Moscou... » Mais tout cela n'avait déjà plus la flamme guerrière du début et, visiblement, n'était pas destiné à provoquer des ripostes de la part du camp adverse.

Le lendemain matin, à la gare de Moscou, Marietta Chaguinian discutait dans le couloir du wagon avec sa petite-fille, venue l'accueillir. Je me frayais un chemin, tenant une valise dans chaque main, et la rencontre était inévitable. Quand mon visage arriva à la hauteur du microphone, la petite vieille me fit don d'un regard radieux (elle avait dû réaliser au cours de la nuit que notre bataille avait eut lieu non en 1951 mais en 1961, soit huit ans après la mort de son héros) et secouant la tête à chaque exclamation, elle m'aboya après, en guise de plaisanterie :

– Ouah, ouah, ouah...

La famille princière, précédée du matou, attendait sur le quai l'arrivée du porteur. Son Altesse, me tendant sa main Don Basilesque pour prendre congé, me conseilla une dernière fois de sa voix de basse chantante :

– Adhérez, adhérez, je vous le dis ! Vous ne le regretterez pas !

Maximilian Volochine et son portrait par B. Koustodiev, 1924.

Sigle du théâtre Vakhtangov
et fragment du plan de Moscou le situant, n° 4.

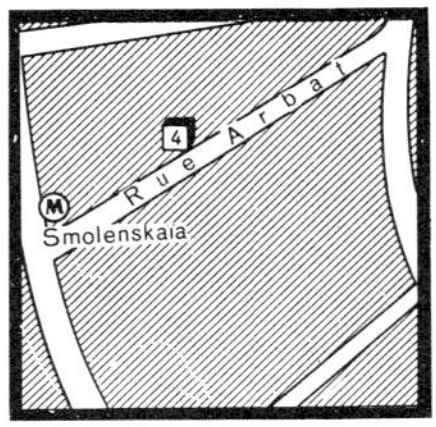

Il serait temps de le rendre

Il plaça devant moi un petit étui de cuir, de forme rectangulaire, manifestement ancien.

– A ton avis, qu'est-ce que c'est ? demanda-t-il.

– A en juger par le N majuscule gravé en or sur le côté, cet objet a un rapport avec Napoléon.

Il sortit de l'étui un verre à pied en cristal doré, de forme évasée et d'un goût étonnant. Il me montra qu'on pouvait lire dans la paroi un N majuscule.

– Tu as deviné. C'est le verre « de campagne » de Napoléon.

– Et comment t'est-il tombé entre les mains ?

– Je l'ai pris à Schönbrunn.

– Comment as-tu fait ? Pourquoi ?

– J'étais pendant la guerre commissaire politique de bataillon. Quand nous entrâmes en Autriche, nos soldats se comportaient avec une haine féroce contre tout ce qui était allemand et c'était bien compréhensible. Ils ne comprenaient pas la différence entre l'Autriche et l'Allemagne parce qu'ici et là, on parlait allemand. A Schönbrunn, ils brisaient les meubles, cassaient à coups de crosse la vaisselle, tiraient sur les tableaux et les statues. Il était impossible de les retenir. Je décidai de sauver au moins quelque chose et mis cet étui dans ma musette...

Il tourna lentement le verre et j'admirai la pureté de ses formes et la perfection de la gravure.

– Napoléon a perdu ce verre près de Vienne pendant sa fuite à l'issue de la campagne de Russie. Je n'ai jamais eu l'intention de m'en séparer mais je me disais, malgré tout, qu'il pourrait me tirer d'affaire en cas de coup dur. Et je me trompais.

Le N brillait d'un éclat mat.

– J'ai été accusé de cosmopolitisme en 1949 [45]. Je n'avais plus aucun revenu. J'ai vendu objets et livres mais cela ne menait pas loin. Finalement, il ne me resta plus que ce verre et je décidai que le moment de le vendre était venu. On m'indiqua l'adresse d'un collectionneur et antiquaire privé et, après lui avoir téléphoné, je me rendis chez lui, dans une des ruelles du quartier de l'Arbat.

Rue Arbat à Moscou, théâtre Vakhtangov.
En médaillon, Evgueni Vakhtangov.

Le petit vieux me reçut avec la plus grande des politesses, on sentait la vieille école. Je posai l'étui sur la table et ouvris le couvercle. L'antiquaire jeta un coup d'œil rapide et me dit sans hésiter :

– Vous avez pris cela à Schönbrunn ?

– Mais oui. Comment l'avez-vous deviné ?

– Jeune homme, notre profession exige de savoir où ce genre d'objet se trouve.

– Et selon vous, quel peut en être le prix ?

– Je ne vous conseillerai pas de le vendre.

– Mais quand même...

– Je pense qu'au cours actuel il coûte pas moins de quatre cent mille roubles, mais vous ne pourrez jamais les obtenir et surtout pas dans les magasins d'antiquité officiels.

– Mais que faire, alors ?

– Je ne peux que répéter mon conseil : ne le vendez pas.

– Mais j'ai terriblement besoin d'argent !

– Patientez, patientez un peu. Je vais vous montrer votre verre dans un vieux catalogue et vous comprendrez que c'est là son prix. Supposons que, pour vous rendre service, je vous l'achète pour ma collection personnelle, car je n'ai pas le droit de le vendre : c'est un objet de valeur historique catalogué. Je vous paierais peut-être quarante mille roubles mais, pour vous, ça n'a pas de sens. Peut-être souhaiteriez-vous entrer en contact avec une ambassade étrangère ? Ils vous le paieraient son véritable prix et dans une vraie monnaie.

– Merci pour le conseil ! Je n'ai pas la moindre envie de déménager en Sibérie.

– Je vous comprends. Dans ce cas, hélas, je ne peux rien faire pour vous.

Je le quittai, abattu, et je décidai de vérifier malgré tout s'il m'avait bien dit la vérité. On m'indiqua l'adresse d'un autre petit vieux, antiquaire de l'Arbat. Quand je posai devant lui mon étui et ouvris le couvercle, il me demanda :

– Vous l'avez pris à Schönbrunn ?

Florence

En 1964, un ancien étudiant de Gabritchevski à l'Académie d'architecture revint d'un voyage en Italie. Celui-ci eut envie de l'entendre parler de ses impressions de Florence et le pria de lui rendre visite. Les voyages à l'étranger étaient encore rares à l'époque ; aussi, quand l'ancien étudiant arriva, plusieurs proches de Gabritchevski étaient déjà là, prêts à écouter son récit.

– A partir d'où avez-vous commencé la visite de la ville ? demanda Gabritchevski.

– Nous sommes descendus de notre autocar derrière la galerie des Offices.

– Et dans quel sens êtes-vous allés ? Vers le quai de l'Arno ou dans la direction opposée ?

– Nous avons tourné le dos au fleuve.

– Vous avez tourné à gauche, fait une soixantaine de pas et vous avez débouché sur la Piazza della Signoria. Vous avez vu sur votre droite le Palazzo Vecchio dont la construction a été commencée par Arnolfo di Cambio, et devant sa façade le *David* de Michel-Ange. Quand vous êtes arrivés devant la fontaine de Neptune, avez-vous pris à gauche ou à droite ?

– A droite, répondit l'invité perplexe, en train de se transformer en auditeur.

– Alors vous avez rejoint par une ruelle la Piazza San Firenze et avez découvert le Palazzo del Bargello. Avez-vous eu l'occasion d'entrer quelque part ?

– Non, nous avions juste assez de temps pour parcourir rapidement les rues.

– Alors, ça t'intéressera peut-être de savoir que la « Cour italienne » de notre Musée des beaux-arts est une copie de la cour intérieure du Palazzo del Bargello. Sur la place San Firenze, vous avez contourné le quartier avec l'élégant campanile de la Badia Fiorentina et par la rue Alighieri on vous a conduits jusqu'à la Casa Dante.

Alexandre Gabritchevski était un merveilleux interlocuteur. Il écoutait toujours très attentivement et sans interrompre ce qu'on lui disait, et qu'il ait ainsi pris sur lui de raconter la visite de Florence parut très étrange au reste de l'assistance.

L'ancien étudiant se bornait à hocher la tête pour confirmer l'exactitude du parcours décrit par son professeur.

– Vous avez ensuite passé deux quartiers et, après avoir longé le Musée d'histoire naturelle, vous êtes arrivés sur la Piazza del Duomo avec l'église Santa Maria del Fiore et son célèbre dôme de Brunelleschi. Vous avez contourné la cathédrale sur la gauche vers le baptistère avec les célèbres portes d'Andrea Pisano et Lorenzo Ghiberti. Puis, vous avez parcouru encore un quartier vers l'ouest pour vous arrêter devant la chapelle des Médicis...

Stupéfaits, nous l'écoutions tous en silence.

Son récit était bien plus détaillé que ce que je suis

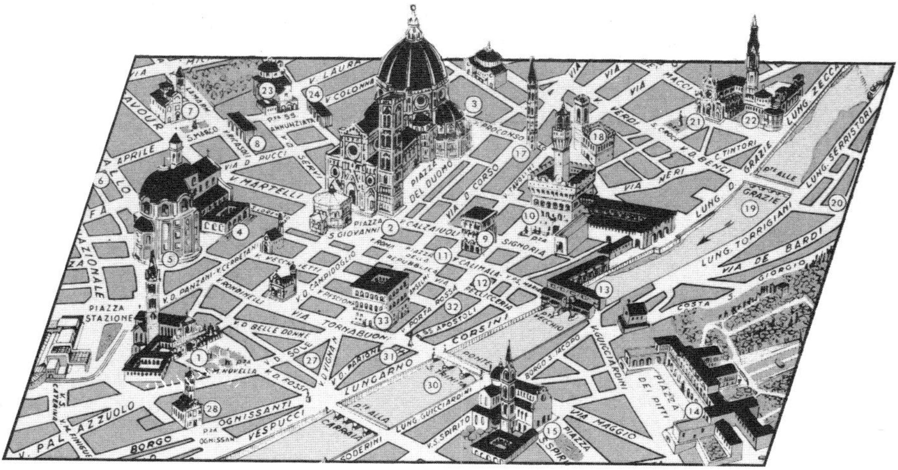

NUOVA CONSONANZA

CASA DELLA CULTURA VIA DEL CORSO 267 - ROMA - 21-22 DICEMBRE 1970

Programme du Festival
Nuova Consonanza de Rome,
21-22 décembre 1970.
Quatre Pièces pour Trente-Deux Instruments à Vent
de Karetnikov.

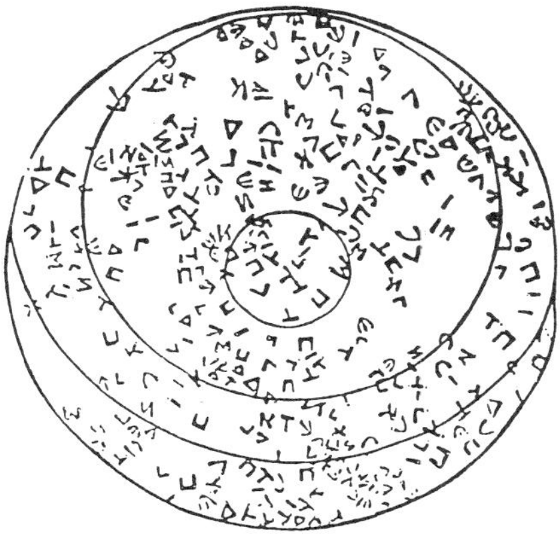

Nicolai

Karetnikov

E' nato a Mosca nel 1930; ha finito i suoi studi al Conservatorio di Mosca sotto la guida di W. Schebalin nel 1953. Opere principali: quattro sinfonie, il balletto **Vanina Vanini**, presentato al Bolscioi nel 1961, **Klein Zack genannt Zinnober** su testo di E.T.A. Hoffmann, rappresentato all'Opera di Hannover nel 1970, musica pianistica e da camera.

Quattro Pezzi per flauto, clarinetto, fagotto e violino

I *Quattro Pezzi per flauto, clarinetto, fagotto e violino,* dedicati a Filipp Herschkowitz, sono del 1968. Un tessuto polifonico a carattere inequivocabilmente figurativo coinvolge in un « unicum » anche il violino che tuttavia conserva in parte il suo ruolo di voce autonoma.

capable de reconstituer aujourd'hui. Sa parole était précipitée, comme s'il craignait de ne pas avoir le temps de tout raconter, et il nous fit parcourir ainsi, quartier après quartier, tout le centre de Florence en une visite de deux heures. Il nous fit passer par le pont Santa Trinita sur la rive gauche de l'Arno, nous amena jusqu'au palais Pitti, puis par le Ponte Vecchio nous ramena à la galerie des Offices où l'autobus attendait les touristes.

Alexandre Gueorguiévitch resta un moment silencieux.

– Je n'y ai jamais été, poursuivit-il. J'ai longtemps vécu en Allemagne, je suis allé à Paris et à Londres... Je me disais que j'aurais toujours le temps de voir l'Italie. Et il s'est avéré que non. Et maintenant je ne la verrai plus jamais...

Il baissa la tête et il me sembla un court instant que ses yeux étaient pleins de larmes.

Une rare vigilance

Le spectacle venait de s'achever. Je courus à la loge du chef d'orchestre pour faire part à Juraïtis de quelques remarques à propos de l'exécution. A peine avions-nous ouvert la partition posée sur le couvercle du piano que la porte de la loge s'ouvrit sans le moindre avertissement. Je vis d'abord apparaître une main tenant la partition des contrebasses de mon ballet puis son propriétaire, un homme vêtu d'un costume noir parfaitement coupé. Si je l'avais rencontré dans la rue, j'aurais cru qu'il était pour le moins un académicien.

Il ouvrit aussitôt, sans même nous saluer, la partition à la dernière page, la tendit à Juraïtis.

– Je vous prie, dit-il d'une voix où vibrait une colère contenue, de relever cet acte scandaleux et d'en avertir la direction du Bolchoï.

Après avoir étudié la partition quelques instants en silence, Juraïtis acquiesça :

– En effet, c'est tout bonnement scandaleux ! Je vais le signaler sans faute !

Je m'élançai, curieux de savoir de quoi il s'agissait. Juraïtis m'arrêta net d'une main ferme :

– Non, non, ce n'est pas pour toi !

« L'académicien » prit poliment congé et sortit.

– Tu peux regarder, maintenant, me dit Algis.

Et je pus voir alors, sur la dernière page de la partition, une série impressionnante d'injures d'une rare grossièreté qui m'étaient adressées.

Балет „ВАНИНА ВАНИНИ“

Постановка 1962 года

Дирижер — А. М. Жюрайтис

Балетмейстеры-постановщики — Н. Д. Касаткина и В. Ю. Василев

Художник — А. Д. Гончаров

ГОСУДАРСТВЕННЫЙ ОРДЕНА ЛЕНИНА АКАДЕМИЧЕСКИЙ БОЛЬШОЙ ТЕАТР СОЮЗА ССР

Programme du ballet *Vanina Vanini*, Bolchoï 1962.

– Bon, et puis après ? Je me suis déjà habitué à ce genre de correspondance avec les membres de l'orchestre pendant les répétitions. Mais quel est cet homme et qu'est-ce que cela peut bien lui faire ?

– Tu savais bien qu'il y avait aujourd'hui Mikoyan dans la salle ? Eh bien, cet homme, c'est son garde du corps, qui doit se trouver dans la fosse d'orchestre sous la loge présidentielle, juste au milieu des contrebassistes. A son idée, rien de ce qui entoure Mikoyan [46] ne doit être choquant. Pour lui, ces injures constituent une offense à l'égard du pouvoir et il a réagi en conséquence.

Juraïtis n'alla pas voir la direction du Bolchoï.

Façade du Bolchoï.

L'exposition du Manège

Je le vis de loin. Il était assis au balcon du premier étage, les épaules voûtées, le regard lourd fixé vers le sol. Il fumait.

Sans passer par la porte d'entrée, je montai par l'escalier extérieur et enjambai le garde-fou pour le rejoindre sur son balcon.

Nous ne nous étions pas vus depuis plusieurs mois, mais il ne sourit même pas en me saluant et me demanda aussitôt avec sa prononciation si caractéristique d'aristocrate :

– Alors, qu'est-ce qui s'y est passé ? Raconte.

Je lui racontai, deux heures durant, avec tous les détails dont j'avais entendu parler, la visite qu'avait effectuée le jour même le chef de notre État à l'exposition de peinture dans la salle du Manège [47]. Je parlai de son rare état d'énervement, des grossièretés, des crachats sur les toiles, des peintres traités de « pédérasses » quand ils n'avaient pas l'heur de lui plaire ou quand ils lui semblaient incompréhensibles.

Il m'écoutait sans m'interrompre et se contentait aux moments les plus surprenants de pousser son bien-aimé « pas possible ! ».

Cet événement m'attristait également pour des raisons personnelles : les contrecoups de cette visite allaient se faire sentir bien au-delà de la peinture et ils devaient mettre fin aux moindres ouvertures qui avaient pu se créer dans tous les arts, y compris la musique. Il fallait de nouveau renoncer aux espérances pour une durée inconnue. Quand j'eus fini mon récit, je lui demandai :

– Expliquez-moi comment nous avons pu arriver à une vie pareille. Comment tout cela est devenu possible ? J'ai déjà posé cette question à des hommes appartenant à la génération précédente pour lesquels j'ai la plus grande estime et aucun d'entre eux n'a été capable de me fournir une réponse satisfaisante.

– Mais, mon cher, que voulez-vous que je vous dise ? Moi non plus, je n'ai pas de réponse !

– Si, si, si ! Je suis persuadé que vous, précisément vous, serez capable de me l'expliquer.

– Bon... Laisse-moi réfléchir un instant.

– Selon moi, reprit-il après un bref silence, l'histoire de l'humanité est l'histoire de sa culture. J'espère que tu es du même avis que moi. Il m'est parfaitement indifférent de savoir si Ramsès II a vaincu ou non les Hittites, ce qui m'intéresse ce sont la peinture, la sculpture et la poésie égyptiennes. Je n'ai rien à fiche des campagnes napoléoniennes, ce qui m'intéresse ce sont David et Géricault. Et si tu es toujours d'accord avec moi, il faut alors avancer l'explication suivante : à la suite de diverses collisions historiques dont ce n'est ni le lieu ni le moment de discuter, notre pays a été privé de sa culture et, de ce fait, a été projeté hors de l'histoire... Continuant à exister tout en étant hors de l'histoire, il est devenu une absurdité historique. Et dans la mesure où ce pays est une absurdité historique, il peut s'y passer n'importe quoi...

Salle d'exposition du Manège.

Qui l'aide ?

Il est trois heures du matin. Je suis à ma table dans une petite pièce à Yourmala, sur la Baltique. De temps à autre, j'entends passer une voiture au loin, des voix étouffées me parviennent de la chambre d'hôtel voisine. Ces bruits ne font que renforcer le silence et le calme ambiants.

Je suis bien parce que je m'efforce de reconstituer dans mon souvenir cet homme étonnant et génial et que le simple fait d'essayer de me rappeler comment, à trente-deux ans, je le percevais, me rend heureux.

Avant que les réalisateurs Alov et Naoumov [48] nous proposent, à ma femme et à moi, de faire sa connaissance, j'avais déjà regardé à deux reprises *Huit et demi* et j'avais immédiatement compris que je voyais pour la première fois de ma vie un film qui égalait les plus grands chefs-d'œuvre dans les autres formes d'art.

Ma femme, qui parlait bien français, ne fut pas longue à convaincre de jouer le rôle d'interprète, mais je demandai à mes deux cinéastes de ne pas me présenter, car je n'avais aucune idée de ce que j'aurais bien pu trouver à dire. J'avais envie, tout bêtement, de me trouver dans la même pièce que lui, de le voir et de le filmer avec ma caméra huit millimètres. Je filmai beaucoup ce jour-là, malheureusement, je ne développai pas moi-même mon film, mais le donnai à un laboratoire où ce document unique a été irrémédiablement gâché. Je me souviens qu'on aurait dû voir, dans ce film, Sergueï Guerassimov assis à ses côtés en train de le regarder avec des yeux énamourés, Alov et Naoumov qui ne le quittaient pas d'un pouce et Marlen Khoutsiev [49] qu'il prenait souvent par les épaules et appelait tendrement « Marlenino ».

Federico Fellini: autoportrait
et son dessin de Giulietta Massina
dans le rôle de *Gelsomina*
(*La Strada*, 1952).

J'ai pu voir comment il parlait et comment il écoutait ses interlocuteurs, j'ai vu ce qui l'intéressait. Je me souviens parfaitement de sa tête, celle d'un empereur romain, un grand œil noir, un nez régulier avec une légère courbure, un crâne puissant.

C'était un auditeur idéal. Il écoutait son interlocuteur avec une patience d'ange, avec une bienveillance constante physiquement perceptible. Mais il ne cessait pas pour autant de travailler un seul instant. Il ne se contentait pas d'écouter celui qui parlait, il l'étudiait ; il examinait et manifestement il retenait le visage, les gestes, les détails vestimentaires, les manières.

Je fus également frappé de voir qu'il avait constamment conscience de l'endroit exact où se trouvait Giulietta Masina. On aurait dit qu'il la sentait avec son dos. Il pouvait parler avec quelqu'un dans un coin de pièce, tourné vers le mur mais, s'il avait besoin de s'adresser à Masina, il se tournait du nombre exact de degrés nécessaire pour la voir et l'appeler : « Giulietta ! » et, même dans la pire bousculade festivalière, elle lui répondait aussitôt. Il était clair qu'ils avaient des relations de personnes qui s'aiment profondément.

Je ne me souviens plus exactement du nombre exact de prix internationaux qu'il avait reçus à l'époque – 270 ou peut-être 280 – et pourtant je l'entendis dire un jour à ma femme, observant l'agitation que provoquait son apparition :

– Cela me fait drôle, tout ce monde et tout ce bruit autour de moi, j'étais si mauvais en classe !

Il avait dû conserver ce complexe d'infériorité du mauvais élève qui m'était à moi-même si familier.

Ma femme me raconta des passages d'une interview de Fellini qu'elle eut à traduire :

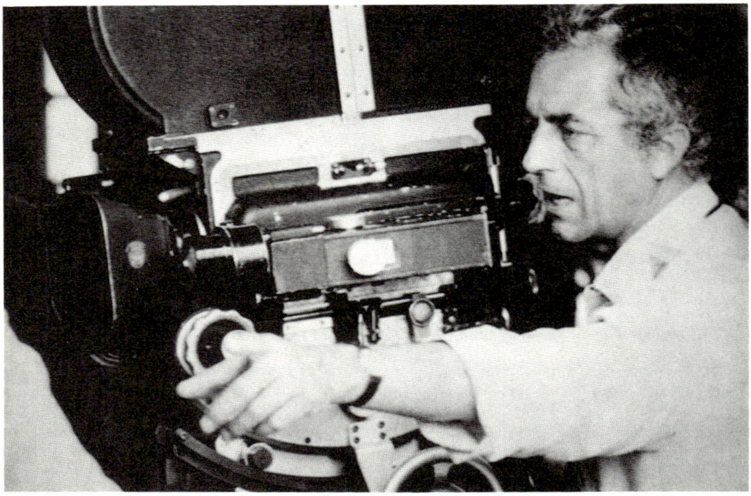

Michelangelo Antonioni.

Question : Que pensez-vous d'Antonioni ?

Réponse : O-o-o-oh ! C'est un grand artiste. J'attends toujours avec impatience ses nouveaux films et je ne suis jamais déçu. Je pense que nous faisons le même travail mais cela doit être deux fois plus difficile pour lui que pour moi.

Question : Et pourquoi donc ?

Réponse : Parce qu'il travaille seul, alors que je travaille à deux.

Question : Vous avez en vue Giulietta Masina ?

Réponse : Oh non ! J'ai en vue Dieu !

L'héroïne du ballet *Géologues*, 1963.

Mais elle le contrôla quand même

Ekaterina Alekseïevna Fourtseva [50] vint à la générale de mon ballet au Bolchoï, où il devait être examiné par la commission d'acceptation du ministère de la Culture.

Après la représentation, elle gagna sa place, à la table de conférence, d'un pas incertain et fut incapable de trouver le dossier de sa chaise sur-le-champ. Son visage était couvert de larges taches rouges. Une fois assise, elle étudia attentivement les visages des autres personnes assises autour de la table, comme si elle les voyait pour la première fois. Puis, se tortillant de tout le corps, indécise et mal à l'aise, elle prit la parole :

– Excusez-moi, je vous prie, si je me trouve ici comme ministre. Ça se trouve comme ça, mais je vous jure que ce n'est pas ce que je voulais... Mais voilà, on m'a attribué ce portefeuille et je n'y peux rien... Et voilà, maintenant je dois dire quelque chose de votre travail... Et qu'est-ce que j'y comprends, moi, une pauvre ouvrière du textile ? Alors, pardonnez-moi... La bonne femme que je suis s'est retrouvée ministre de la Culture... et je dois dire quelque chose...

Cela continua dans le même registre pendant un certain temps avec des répétitions continuelles. Enfin, elle passa aux remarques :

– Il fait vraiment trop sombre sur votre scène, on a envie de mieux voir ce qui se passe. Et puis, regardez un peu à quoi ressemble votre héroïne ; c'est une si jolie fille

Salle du Bolchoï.
Séquence du ballet *Géologues*, 1963. ⇨

et vous, vous l'obligez à danser durant tout le spectacle en pantalon. Je comprends bien que les géologues ne se promènent pas dans la taïga en jupette, mais quand même ce serait bien si vous pouviez la faire changer de tenue à un moment ou à un autre.

N'ayant pas d'autre observation à nous faire, Fourtseva s'éloigna. Il était parfaitement impossible de tenir compte de ses vœux, car cela aurait mis tout notre spectacle par terre. La première eut lieu le lendemain et le surlendemain Evgueni Svetlanov, qui était à l'époque le premier chef d'orchestre du Bolchoï, devait être reçu par Fourtseva au sujet d'un autre problème. Il s'apprêtait à prendre congé quand elle l'arrêta :

– Et qu'en est-il des *Géologues ?*

– Tout est en ordre. La première a eu lieu hier.

– Comment cela ? le coupa brutalement Fourtseva. Et mes remarques ?

Dieu merci, Svetlanov ne manquait pas d'esprit d'à-propos et trouva aussitôt la bonne réponse :

– Ils ont travaillé toute la nuit et ils les ont toutes incluses dans le spectacle !

Maria Veniaminovna Youdina

En se rendant à son concert, chacun savait qu'avec un peu de chance il aurait l'occasion d'écouter un grand pianiste, car Maria Youdina était précisément un pianiste et elle jouait toujours avec une rare puissance virile, sans le moindre soupçon de sentimentalité. Ses succès et ses échecs lors des concerts dépendaient beaucoup de son humeur. Quand elle se trouvait dans une période faste d'inspiration et qu'elle se sentait libre, ses interprétations pouvaient être tout simplement géniales. Par contre, quand elle avait l'impression d'exécuter un travail par devoir, son jeu pouvait être assez ennuyeux et pas des plus précis. J'en compris la raison seulement quand nous devînmes assez proches.

Cette étonnante particularité venait de son caractère et c'est de cela, de la personne extraordinaire qu'était Maria Youdina, que je voudrais dire quelques mots.

Je fis connaissance de Youdina en 1961. Elle vivait dans une maison de bois à moitié en ruine. Elle n'eut jamais assez d'argent pour acquérir un appartement, car elle aidait beaucoup de gens. Au début, je fus surtout frappé par l'état d'abandon de la maison et par la situation dans laquelle elle vivait. Mais plus tard, après la visite de Luigi Nono à Moscou, au cours de laquelle Maria Veniaminovna et moi devînmes beaucoup plus proches, nous nous vîmes beaucoup plus souvent et, pour mon plus grand bonheur, nous nous comprîmes très bien l'un l'autre.

Je découvris que les problèmes qui me préoccupaient faisaient partie du champ d'intérêt de Maria Veniaminovna, à condition de faire abstraction de la grande dif-

P. Hindemith.

M. Youdina écoute P. Hindemith (dessin de V. Douvidov).

férence d'âge et d'érudition qui existait entre nous. Malheureusement, Maria Veniaminovna, qui était une personne profondément croyante, estima que nos relations devaient s'interrompre après que j'eus divorcé. Elle était très exigeante à l'égard de ses amis.

Elle arrivait toujours jusqu'aux extrémités ultimes, aussi bien dans ses actes que dans ses opinions, elle cherchait à tout faire et tout penser jusqu'au bout, et il est sûr que nombre de ses contemporains ne devaient voir dans ses pensées et dans sa conduite que des manifestations d'une excentricité colossale. Elle rappelait à certains le type, bien connu dans la culture russe, de l'original ; mais c'était une vision superficielle qui se dissipait rapidement si l'on connaissait Youdina d'un peu plus près.

Tous ses actes et toutes ses intentions étaient mus par une grande bonté et une haute moralité. Elles pouvaient se manifester dans des gestes enfantins et pouvaient être interprétées comme des excentricités, parce que Maria Veniaminovna était restée toute sa vie un enfant adulte ; ses « originalités » étaient dictées par une impulsivité d'enfant, par le désir de rendre les gens meilleurs, par le

M. Youdina.

désir de leur montrer ce qu'ils ne savaient pas encore, de leur donner ce dont ils étaient pour une raison ou une autre privés, et il fallait tout faire au plus vite car le temps passe ! Je pense que c'est pour cette raison, par exemple, qu'elle jugeait indispensable de lire aux gens venus écouter son concert des poésies de Pasternak, qui n'étaient pas accessibles au large public à l'époque.

Elle était un authentique chevalier sans peur et sans reproche.

Son premier sujet d'intérêt était à l'époque ce qu'on appelait la « nouvelle musique ». Il y eut une période pendant laquelle Youdina, avec son maximalisme habituel, condamnait Beethoven et Brahms comme des compositeurs vieillis et ennuyeux. Cela dura bien deux ou trois ans et, après s'être régalée tout son saoul de la « musique nouvelle », elle eut envie de revenir à Brahms et à Beethoven chez qui elle trouva de nouvelles sources d'inspiration ; ce qui est, selon moi, parfaitement naturel car, précisément, la connaissance de la « nouvelle » musique donne une tout autre compréhension de « l'ancienne ».

Youdina a mené des années durant une lutte tragique contre les positions de l'Union des compositeurs et contre les directions de la Philharmonie et de la Radio qui en dépendaient, pour ce qui était du répertoire. Pendant toutes ces années, elle fut interdite de concerts et d'enregistrements, car on ne voulait pas qu'elle joue la musique qu'elle voulait jouer à l'exclusion de toute autre. Elle resta ferme sur ses positions et ne leur céda pas, bien que jouer en concert fût pour elle un bonheur et une absolue nécessité. Et finalement, elle n'eut pas la possibilité de jouer en public tout ce qu'elle avait étudié pendant cette dure période, et elle aurait très bien pu ne pas être admise à remonter sur scène, si elle n'avait pas éprouvé le désir de revenir à la musique « classique ».

Je ne m'apprête pas à en faire une sainte. Youdina avait ses petites faiblesses, d'autres moins petites, souvent touchantes. Même au sujet des problèmes pour lesquels de son point de vue il n'y aurait dû avoir qu'une seule réponse, elle éprouvait des hésitations et elle se reprochait ses contradictions dans ses actes et dans ses pensées.

Elle était une chrétienne fervente, mais, même là, sa nature passionnée se révélait plus forte que les commandements de sa foi. Elle ne connaissait pas la résignation chrétienne et elle disait souvent qu'elle n'était pas capable de venir à bout de son orgueil ; il lui semblait qu'elle était la plus croyante des chrétiennes, elle voulait qu'il en soit ainsi et elle pouvait même éprouver de l'envie sur ce terrain-là. Parfois, ses manquements aux commandements avaient un caractère comique. Je me souviens parfaitement d'un regret qui revenait souvent dans sa bouche : « Jésus-Christ, disait-elle, nous recommande l'amour de nos ennemis mais j'ai beau faire, je ne parviens pas à aimer Tikhon Khrennikov ! »

Son inclination pour les situations extrêmes l'amenait parfois à commettre des gamineries frisant le ridicule. Par exemple, elle décida qu'elle devait absolument se rendre à une entrevue avec Stravinski, en visite à Moscou, chaussée de vieilles baskets déchirées qu'elle portait constamment pendant la période de sa lutte contre les

« rétrogrades » : « Il pourra voir ainsi quelles sont les conditions de vie des modernistes russes ! » Il fut impossible de la faire changer d'avis. Son acte n'eut bien évidemment aucun effet car, comme nul ne l'ignore, Stravinski s'intéressait principalement à Stravinski. Peut-être ne remarqua-t-il même pas les baskets ou bien il n'y vit que l'extravagance d'une « vieille excentrique ». Youdina fut très déçue, sur le plan humain, par la visite de Stravinski à Moscou ; elle lui reprochait son insensibilité et son indifférence à l'égard de nos malheurs, dans la vie musicale et dans la vie tout court d'ailleurs.

Son amour pour la « nouvelle » musique était plutôt

Schönberg.

Webern.

Stravinski.

d'ordre émotionnel. Son approche était le plus souvent intuitive, elle pénétrait dans l'œuvre d'un seul élan, sans même se rendre compte exactement des intentions logiques ou architecturales du compositeur. Je pus m'en rendre compte quand elle jouait mes œuvres et que nous en discutions certains aspects, mais aussi à l'occasion de nos conversations ou de nos affrontements – assez fréquents – au sujet de la musique de Stravinski, de Webern ou de Schönberg.

Mais ces quelques « défauts » étaient largement compensés par une intuition extraordinaire, une profonde sensibilité, une musicalité d'une extrême finesse et par une grande intelligence. Tous ces traits complétaient sa nature hors du commun, rendaient la personnalité de Youdina encore plus riche, plus complexe, plus inoubliable.

Luigi Nono.

Un éminent représentant de la musique moderne.

Maria Youdina m'appela au téléphone :

– Kolia, Luigi Nono est à Moscou ! Il est en ce moment au siège de l'Union des compositeurs. Allez-y immédiatement. Il a entendu parler de vous et de Denissov et il s'attend à vous voir. Mettez-vous d'accord avec lui pour une rencontre chez moi.

J'appris par la suite que l'Union des compositeurs s'était particulièrement préparée à cette visite. Khrennikov ayant réuni ses troupes, leur aurait tenu le discours suivant :

– Tremblez maintenant ! Ce n'est pas un de ces étrangers de service, on en a vu défiler suffisamment dans nos murs. Nous allons voir arriver un ennemi, un vrai : il est membre du Comité central du Parti communiste italien, il est le gendre de Schönberg et un véritable avant-gardiste. Alors, de la vigilance !

Au moment où j'entrai dans le salon de réception de la commission « étrangère », où Luigi écoutait des enregistrements de nos « coryphées », on avait déjà expulsé de la salle Denissov et Schnittke. Néanmoins, personne ne m'arrêta au passage et je m'installai tranquillement en face de Luigi Nono, entre Rodion Chtchedrine et Antonio Spadavecchia [51], qui avait dû être invité à cette assemblée pour son nom italien. Il avait depuis longtemps oublié la langue de ses ancêtres et à part « porca madonna », ne prononça pas une seule phrase en italien, quant à son orientation musicale, elle en faisait un merle blanc au sein de ce groupe.

On écoutait déjà un enregistrement. Au milieu du premier mouvement, Luigi demanda d'arrêter la musique et refusa catégoriquement de l'écouter jusqu'au bout, malgré toutes les prières de Chtchedrine l'assurant que « l'essentiel était à venir ». On passa du Sviridov. La réaction de Nono fut exactement la même. C'est alors qu'Antonio révéla sa connaissance de l'italien :

– Porca madonna ! s'exclama-t-il. Comment est-il possible (la suite était en russe) qu'on n'aime pas Sviridov [52] ! Sviridov en personne ! Ce n'est pas croyable !

Chtchedrine le soutenait de toutes ses forces.

– Qu'est-ce que vous proposez ? demanda Nono par l'intermédiaire de son interprète. Que nous réglions nos différends au moyen de nos muscles ?

Pour être mieux compris, Luigi fit d'abord jouer ses biceps et même, retroussant une jambe de son pantalon, montra un mollet puissant.

On en était là quand je sentis quelqu'un me toucher délicatement l'épaule. Je me retournai. Le responsable de la commission « étrangère » me chuchota à l'oreille : « Le secrétaire à l'organisation de l'Union vous demande de passer immédiatement le voir. » Je m'excusai et sortis pour aller au bureau indiqué.

Le secrétaire était un ancien camarade d'études, ancien combattant de la dernière guerre, ancien musicologue et ancien « bon petit gars » (depuis il est également devenu ancien secrétaire à l'organisation et même ancien compositeur). Il était pâle comme un revenant, son œil était hagard et ses cheveux se hérissaient périodiquement de terreur sur le haut de son crâne.

Devant lui, trois téléphones sonnaient sans interruption. Il saisit un écouteur, le pointa vers une chaise pour m'inviter à m'asseoir, avant de se le coller à l'oreille.

– Oui... oui... Il est dans la salle... Il écoute... Oui... O-o-o-h, c'est un véritable cauchemar ! Nous ne savons plus que faire ! Oui... Oui... Bien sûr...

Il raccrocha le combiné pour se saisir du suivant :

– Oui, oui... Oui.. Il est dans la salle et il écoute... Oui, bien sûr... O-o-o-h ! Mais que faire ? Il a dit que Sviridov, c'était de la... Il a dit que Kabalevski, c'était de la... Il a dit qu'Aram Ilitch... Oui, que Khatchatourian lui-même était de la... Oui... ça sera fait...

Il raccrocha pour s'emparer du troisième téléphone :

– Oui... Oui... Il est dans la salle et il écoute... Que pouvons-nous y faire ? O-o-o-h ! Oui, oui... Il y a Chtchedrine... Il est là, devant moi... Je lui dirai, bien sûr, je lui dirai...

Cela dura une bonne dizaine de minutes. Les téléphones sonnaient sans discontinuer ; le secrétaire lâchait un écouteur de sa main affaiblie pour s'emparer du suivant ; pendant ce temps, son regard me traversait pour se perdre dans le spectacle d'un cauchemar qui se déroulait quelque part derrière moi. Enfin, une petite pause vint se glisser entre deux appels et le regard de mon vis-à-vis s'arrêta sur ma personne. Dans l'état de panique dans lequel il se trouvait, il ne réalisait pas très bien à qui il avait affaire ; peut-être également que nos vieilles relations de l'époque du Conservatoire le rendaient plus confiant que ne l'exigeait sa fonction.

– Tu étais avec eux ? me demanda-t-il avec un regard implorant. Alors, qu'est-ce qu'il fait ? Tu penses que tout se passe calmement ? Il reste tranquillement à sa place et il écoute ? Et, selon toi, ça se passe bien ? Il ne traite plus nos compositeurs de... ? Bon d'accord, retournes-y, surveille un peu ce qui se passe. Maintenant son regard fixait un point sur la surface de son bureau et il semblait y découvrir une vision de cauchemar.

Je retournai au salon de réception « surveiller ».

Le spectacle que j'y avais laissé se poursuivait. Chtchedrine et Spadavecchia essayaient de convaincre Nono d'écouter une musique jusqu'au bout mais ce dernier restait inflexible.

A la fin de l'audition, je me présentai au compositeur italien et nous convînmes de nous retrouver le surlendemain chez Maria Youdina.

Le lendemain, je fus convoqué d'urgence chez Khrennikov. Il sortit de derrière son bureau à ma rencontre et se mit aussitôt à me crier dessus, tapant des pieds, postillonnant de rage et agitant les poings au-dessus de sa tête.

– Vous voulez vous introduire chez les étrangers ! Vous leur refilez vos partitions ! Vous oubliez qu'il y a une discipline à respecter ! Ah, vous voulez jouer les francs-tireurs... Nous ne le tolérerons pas ! Nous y mettrons bon ordre ! Vous trahissez votre patrie ! Mais vous le paierez cher !

Il était en proie à une peur primitive. Dans les intervalles entre les phrases de Khrennikov, quand il reprenait son souffle pour pousser de nouveaux cris, je répétai alternativement : « Ce n'est pas vrai. Cela non plus n'est pas vrai. L'Union des compositeurs n'est pas une organisation militaire. »

Le scandale à l'Union des compositeurs s'acheva sans résultat.

Le lendemain, chez Youdina, le responsable du drame, ayant tombé son veston, en chemise blanche, courait à travers la pièce et, se tenant la tête entre les mains, criait en français :

– Pourquoi suis-je venu dans ce pays ? Qu'est-ce qui se passe ici ? C'est un cauchemar, une maison de fous ! Je ne comprends plus rien ! J'aurais mieux fait de rester tranquille à Venise ! Quelle perte de temps ! A quoi bon tout cela ?

Je demandai à ma femme qui nous servait d'interprète de lui dire qu'il n'était là que depuis trois jours et qu'il était déjà désespéré, mais que nous, nous y vivions toute notre vie...

– Mais je ne comprends rien à ce qui se passe ! J'ai demandé à Khrennikov de m'organiser une rencontre avec Chostakovitch, il me dit que Chostakovitch, malheureusement se trouve en ce moment à Leningrad. Puis, au siège de l'Union j'ouvre par hasard la porte d'un bureau et je tombe sur Chostakovitch ! Je demande à voir Rojdestvenski [53], Khrennikov me dit qu'il s'est cassé une jambe et se trouve à l'hôpital. Je téléphone malgré tout chez Rojdestvenski et je le trouve chez lui ! A quoi tout cela rime ? Qu'est-ce que cela veut dire ?

Heinrich Neuhaus et l'Ecole de Vienne

Je n'ai pas eu de chance, j'ai tardivement fait connaissance de Heinrich Neuhaus, deux ans après avoir terminé le Conservatoire, où, comme l'on sait, il avait une classe de piano.

Les mœurs étaient telles qu'il n'y avait pratiquement aucun contact entre les différentes facultés et les étudiants des classes de composition n'assistaient pas aux cours des enseignants des autres facultés.

J'avais vingt-cinq ans quand je fis connaissance de Neuhaus dans la maison des Gabritchevski à Koktebel. Malheureusement, nos relations ne se transformèrent pas en une amitié respectueuse, comme celle que j'éprouvais pour Gabritchevski. Manifestement, la barrière de l'âge et l'immense vénération que j'éprouvais pour Neuhaus-musicien en furent la cause. De plus, je voyais trop bien les innombrables personnes qui se seraient empressées d'essayer d'établir ce type de relation avec lui.

Bien avant d'avoir fait sa connaissance – c'était en 1950 – je sentis et je compris vraiment pour la première fois de ma vie, grâce à lui, ce qu'était un grand interprète partageant le génie de l'auteur qu'il jouait.

Je mis la radio alors qu'on avait déjà donné le nom de l'interprète. C'était la *32e sonate* de Beethoven. Je fus abasourdi dès les premières notes. Il me semblait que seul l'auteur était en mesure de jouer ainsi : une compréhension excellente du phrasé, des impulsions inattendues dictées par une intuition profonde, un sens parfait de la durée des composantes et de tout l'ensemble, une répartition d'une justesse absolue des masses dynamiques et une vision précise du matériau thématique en variation constante, tout cela donnait l'impression que c'était le compositeur lui-même qui jouait son œuvre. On ne sentait pas une seule seconde ce qu'on pourrait appeler le travail préparatoire. La musique naissait devant vous à l'instant même où on la jouait. Cela témoignait non seulement d'une rare intelligence, d'une culture hors pair et d'une grande richesse de l'esprit et de l'âme, mais avant tout d'une liberté totale, d'une liberté jusqu'au bout. Et j'entendais tout cela chez Beethoven, c'est-à-dire dans le compositeur qui m'avait toujours semblé être le plus difficile à jouer de tous les compositeurs présents et passés. Je ne pouvais imaginer qu'une telle interprétation fût du domaine du possible.

Quand le speaker annonça que la sonate avait été interprétée par Heinrich Neuhaus, je compris la justesse de l'affirmation de mon maître Chebaline qui disait de Neuhaus qu'il était le plus grand interprète du XXe siècle. J'étais ébranlé jusqu'au plus profond de moi-même et c'est à partir de ce moment, peut-être, qu'a commencé ma vie en tant que musicien.

Aujourd'hui, bien des années plus tard, il me semble que le seul pianiste qui ait approché (je précise bien : « il me semble ») le niveau de Neuhaus est Glenn Gould, mais même lui, malgré tout, n'atteint pas le Beethoven de Neuhaus.

Il n'y aurait aucune raison de raconter toutes ces considérations si certains événements, non dépourvus d'un côté humoristique, n'étaient survenus au cours de l'été 1963. Ma participation à ces événements me permit de remercier, dans une faible mesure peut-être, Heinrich Neuhaus pour le rôle qu'il avait joué, sans le savoir, dans ma vie.

A l'époque, quand je partais pour l'été à Koktebel, j'emportais dans mes bagages un gros magnétophone et une quarantaine d'heures de musique : Bach, Mahler, Stravinski, Brahms, Schubert (exclusivement dans l'inter-

Henrich Neuhaus, Koktebel, 1963.

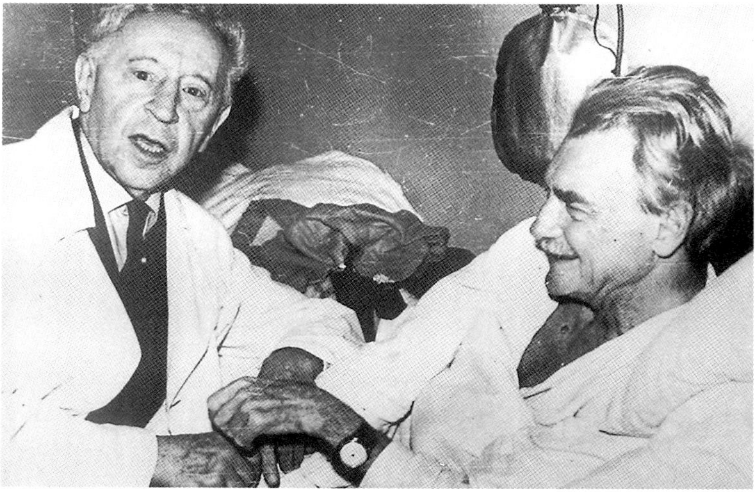

Arthur Rubinstein et H. Neuhaus à l'hôpital en 1974, quatre jours avant la mort de H. Neuhaus.

prétation de Fischer-Dieskau), Wagner. Le magnétophone était immédiatement installé chez les Gabritchevski et tous les familiers de la maison pouvaient venir le soir écouter les enregistrements. Le programme était discuté et fixé dès le matin, pendant le petit déjeuner auquel j'avais l'honneur d'être admis. Ces concerts durèrent plusieurs années, mais, cette année-là, j'apportai pour la première fois du Webern.

La grande majorité des musiciens de la génération aînée et de la génération moyenne ne connaissait pas et, semblait-il, ne désirait pas connaître et comprendre la musique de l'École de Vienne. C'était ainsi. On pouvait en chercher l'explication dans les circonstances historiques, dans le caractère inhabituel des sonorités de la musique de l'École de Vienne et, enfin, dans le fait que nous ne possédions aucune tradition dans l'exécution de ce type de musique. Je savais que Heinrich Neuhaus avait tenté (à la différence de tous les autres musiciens de sa génération) de pénétrer dans ce monde mais que, à cause du mauvais caractère du guide qu'il avait choisi dans ce but, cet essai se solda par un échec : ce « Virgile » se révéla hautain et négligent.

Le matin qui suivit mon arrivée à Koktebel eut lieu la première discussion sur le programme musical. Gabritchevski : Qu'allons-nous écouter aujourd'hui ? (J'énumère les compositeurs dont j'ai apporté les enregistrements et j'arrive jusqu'à Webern.)

Gabritchevski : Pas possible ! (son exclamation favorite). C'est magnifique. Et quelles œuvres ?

Moi : *Cinq mouvements pour quatuor à cordes* et son *Quatuor à cordes.*

Neuhaus : Bien, d'ailleurs j'ai bien envie, moi aussi, d'écouter cette musique. On a essayé de me l'expliquer, mais, je ne sais pourquoi, cela n'a rien donné.

Le programme est arrêté et dans la soirée le concert (où je joue le rôle du technicien préposé au magnétophone) a lieu.

J'observais tout le temps Gabritchevski et Neuhaus, car leur façon d'écouter la musique était de leur part une activité intense et ce qu'ils disaient après était, malgré leur laconisme, la meilleure des écoles. Cette fois-ci, après avoir exprimé tout le plaisir que lui avaient procuré Mahler et Schubert, Neuhaus fit la déclaration suivante :

– Quoi que vous disiez, l'un et l'autre, votre Webern, c'est quand même de la merde !

Il fronça le nez dans un geste de mépris et répéta le dernier mot sur différents tons. Personne n'eut l'audace de s'opposer à Neuhaus, et ce n'aurait eu d'ailleurs aucun sens. Aussi, après avoir proféré quelques mots reconnaissants à l'égard de Bruno Walter et de Fischer-Dieskau, tout le monde regagna tranquillement ses pénates.

Le lendemain matin, nous eûmes notre discussion quotidienne sur le programme du concert ; ayant présente à l'esprit la réaction qu'avait suscitée la veille l'écoute de Webern, j'évitai de le proposer.

Cependant, alors que nous nous étions mis d'accord sur un programme Mahler et Stravinski, à ma grande surprise, Neuhaus suggéra lui-même de l'inclure :

– Kolia, me dit-il, je voudrais bien quand même écouter encore une fois ce Webern. Bien que ce soit de la merde, je voudrais essayer de comprendre pourquoi il vous plaît à ce point, à Sacha et à vous : cela m'irrite même quelque part (à ces mots, Gabritchevski eut son petit sourire ironique) !

Nous inclûmes à nouveau Webern dans le programme et, le soir, tout se répéta : paroles d'admiration à propos de Mahler et de Stravinski et attaque agressive contre Webern avec répétitions réitérées du même mot injurieux à son adresse.

Le lendemain, Neuhaus proposa à nouveau d'inclure Webern dans le programme du soir. Il était manifestement vexé par sa surdité « webernienne ».

Et la même scène se répéta chaque soir durant tout le mois. Nous écoutions, parmi d'autres compositeurs, ou bien les *Cinq mouvements* ou bien le *Quatuor à cordes*. Et c'est ainsi que je m'en retournai de Koktebel avec dans les oreilles toujours le même mot injurieux destiné à Webern.

Diaghilev et Stravinski.

L'automne de la même année, vint en tournée à Moscou l'excellent ensemble dirigé par Yanguiro qui avait inclus dans son programme nos *Cinq mouvements*. Neuhaus assista à leur concert et, soudain, il tomba littéralement amoureux de Webern. Il ne voulait plus parler d'aucune autre musique ; il en parlait partout où c'était possible et impossible, à ses élèves, aux professeurs, aux diverses réunions et assemblées, aux groupes d'études des étudiants, dans toutes les villes où il allait et à Moscou. Un miracle s'était produit.

Aujourd'hui, j'en comprends les raisons : un mois durant, Neuhaus avait écouté ces œuvres avec une attention particulière, en s'efforçant d'en pénétrer la logique et la dimension intuitive. Il s'était habitué à un langage musical nouveau pour lui et avait cessé d'y voir « une foule de Chinois indifférenciés ». Et quand ses impressions de Koktebel eurent le temps de reposer, de s'affermir, il eut la possibilité d'entendre la merveilleuse interprétation, vivante et non plus enregistrée, par l'ensemble de Yanguiro, d'une œuvre qu'il avait, pour ainsi dire, étudiée. Webern s'ouvrit à Neuhaus dans toute sa grandeur et sa beauté cristalline.

Je ne m'accorde aucun mérite particulier dans cet événement. J'ai seulement fourni magnétophone et enregistrements et fait preuve d'une patience joyeuse à l'égard d'un Neuhaus en révolte.

Je pense qu'il a éprouvé une grande joie de découvrir quelque chose de nouveau, de grand et de beau dans un domaine où il savait et pouvait tout.

Anton Webern.

B. Ravenskikh.

Une représentation pour le directeur artistique

Avant même de devenir directeur artistique du théâtre Pouchkine, Boris Ivanovitch Ravenskikh [54] avait à deux reprises, en tant qu'un des metteurs en scène du théâtre Maly, attaqué ma musique de scène lors de réunions du conseil artistique. Il la traitait de simiesque et l'accusait d'être dépourvue de la moindre trace de mélodie. L'instrument qu'il utilisait le plus dans ses propres spectacles était la balalaïka.

Maintenant, fort de sa nouvelle fonction, Boris Ivanovitch exigeait, pour exercer son contrôle de directeur artistique, qu'on lui montrât le spectacle que nous étions en train de répéter dans son théâtre. C'était une pièce tirée d'un roman de H. Laxness qui, en ce temps-là (c'était le début des années soixante), paraissait au public cultivé d'une grande profondeur et d'une grande portée.

J'avais déjà composé et fait enregistrer la musique mais n'avais pas encore eu le temps de l'introduire dans l'action de la pièce. Comme un des personnages était un organiste et comme le théâtre n'avait pas l'argent nécessaire pour enregistrer de la musique d'orgue, j'avais choisi, en fonction des besoins, des fragments de l'*Art de la fugue,* l'une des plus étonnantes et des plus parfaites œuvres de Bach. Cette musique était, elle, déjà utilisée au cours du spectacle.

Avant le début de la répétition, Boris Ivanovitch, me voyant dans le foyer, s'ébroua tout joyeux :

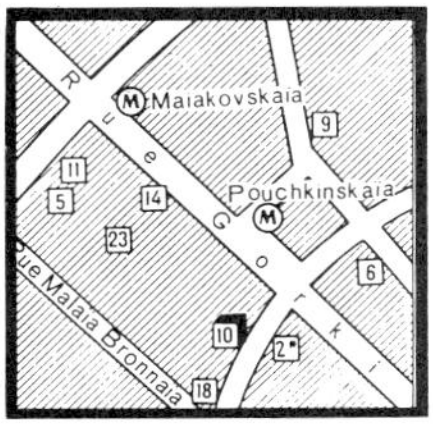

Théâtre Pouchkine. Sigle du théâtre
et fragment du plan de Moscou le situant, n° 10.

– Alors, s'exclama-t-il, tu nous as sûrement préparé de ta bouillasse sans mélodie ?

– Je ne sais pas, à vous de voir, Boris Ivanovitch.

Désirant assister à l'« affaire » que constituait l'examen de la pièce en répétition par le directeur artistique du théâtre, la plupart des acteurs de la troupe étaient présents dans la salle.

Les acteurs occupés dans le spectacle montèrent sur scène, jouèrent et en descendirent. On ralluma la lumière dans la salle et tout le monde s'apprêta à écouter ce qu'avait à dire le directeur artistique. Il était assis au sixième rang, légèrement en biais par rapport à moi, qui m'étais discrètement installé au douzième rang.

– Oui, oui... commença Ravenskikh. Ce n'est pas une pièce facile ; c'est une pièce profonde, philosophique. Ce n'est pas comme chez Fich [55] avec ses : « Oh là, eh là, nous sommes tous de bons gars ! » Nous avons besoin de pensée. Cette pièce est complexe, elle est philosophique, il faut faire parvenir la pensée jusqu'au spectateur. Et comment voulez-vous la lui faire parvenir s'il fait noir sur scène et que les acteurs s'y agitent comme des sauvages au fond de leur caverne ? Il faut les éclairer, c'est le mot : il faut plus de lumière !

Il ménagea une pause pour renforcer ses effets et, se retournant soudain dans ma direction, un bras passé par-dessus le dossier, il tonna :

– Et la musique ! Inadmissible ! L'orgue mugit, aucune mélodie !

Comprenant que mon heure était venue, je lançai, interrompant Ravenskikh :

– Stop, stop, un instant !

– Qu'est-ce que cela veut dire ?

Devant une telle insolence, Boris Ivanovitch suffoqua, et même pâlit.

– Boris Ivanovitch, prononçai-je lentement et distinctement, je dois vous déclarer tout à fait officiellement qu'il n'y a pas une seule note de moi dans la musique que vous venez d'entendre.

– Comment cela ?

– Comme ça !

– Et de qui est cette musique dans ce cas ?

– De Bach !

Un silence tendu tomba sur la salle. La troupe se figea. Ravenskikh diminua de taille.

– Comment cela, Bach ?

– Comme ça, Bach !

Le silence était maintenant sépulcral, et dans ce silence une voix faible et misérable se fit entendre :

– Que dois-je faire maintenant ?

La question était posée au monde entier, mais le Cosmos resta muet. La discussion fut escamotée et après quelques mots sans importance, Boris Ivanovitch leva la séance.

Je remarquai qu'en sortant de la salle il me suivit du regard pour voir par quelle porte j'allais sortir et, à tout hasard, choisit la porte opposée.

Les fumées du cinématographe [56]

Un appel urgent des studios du Mosfilm : Vite ! Immédiatement ! Dès qu'il sera de retour ! Sans une seconde de retard !

En chemin j'essayai de deviner ce qu'ils pouvaient encore bien attendre de moi. Je cours... J'accours... J'enfreins les règles... Je fais irruption sur le plateau... De la poussière... De la fumée... Beaucoup de fumée... Cachée par la fumée s'agite une foule d'individus choisis pour leur mine suspecte. Soudain, du sein des nuages surgit un Vladimir Naoumovitch Naoumov à l'œil hagard :

– Écoute, me crie-t-il aussitôt sans perdre de temps à des salutations inutiles, on vient de nous amener une jeune fille géniale ! Elle a une de ces voix ! Elle a été primée à je ne sais combien de concours ! Il faut absolument qu'elle nous chante quelque chose dans notre film !

Il ne manquait plus que la fille ! Même sans cela, le film était très difficile et avait exigé énormément de travail.

– Mais à quel moment doit-elle chanter ? demandai-je en essayant de comprendre ce qui se passait. Et que va-t-elle chanter ? Et pourquoi va-t-elle chanter ?

– Nikolaï Nikolaevitch, vous êtes un grand artiste et vous pouvez nous le proposer vous-même.

– Mais, malgré tout, pourriez-vous m'expliquer à quel moment il est possible de chanter dans un enfer pareil ?

– Eh bien, je vois la scène à la fin du mariage, tout le monde dort par terre, ivre mort, le silence règne, une lampe à huile brûle dans le coin de la pièce devant les icônes, et c'est alors que s'élève la voix pure d'un enfant. (Le visage de Naoumov acquiert à ces mots une expression séraphique.)

Affiche du film *Mauvaise anecdote* d'après une nouvelle de Dostoïevski, réalisé par Alexandre Alov et Vladimir Naoumov.

– Mais que va-t-elle chanter, la voix pure ?

– Ça... Sûrement une chanson qu'elle vient d'entendre chanter par les adultes pendant la noce.

– Et plus précisément ?

– Ce pourrait être, je ne sais pas moi, une romance de hussards.

Et Naoumov chanta à toute vitesse : « Mon chien fidèle, mon petit chien, donnera de la voix... »

– Mais Savtchenko [57] l'a déjà utilisée dans un film !

– Alors je ne sais pas. Trouvez donc tout seul !

Et il s'évanouit dans la fumée.

Après quelques instants de réflexion, j'allai rejoindre Alov, qui était assis dans un coin du décor, tranquille au milieu de la fumée.

– Sacha, demandai-je, qu'est-ce que vous diriez si je lui faisais chanter une chanson sur la vie de la fille serve comme « On m'a placée loin de ma famille... » ou une autre complainte de ce genre ?

– Ce n'est pas une mauvaise idée... laissa tomber Alov, appronfondissez, approfondissez...

Je m'installai à une extrémité du plateau et me mis à approfondir. J'inventai d'abord des paroles brodant sur le thème du « On m'a vendue... », puis une mélodie dans le genre d'une berceuse paysanne (tout cela me prit pas moins d'une heure). Je revins voir Alov.

– Ça y est, c'est prêt.

– Fais voir.

Je lui chantai doucement ma chanson avec les lamentations de rigueur dans la voix. Le visage d'Alov prit un air béat :

– Oui. C'est bien. Vous n'êtes pas seulement musicien mais aussi poète, à ce que je vois. Ça devrait convenir.

Alov resta un instant songeur, puis soudain s'anima, tout joyeux :

– Écoutez, vous ne pensez pas que ce serait bien plus intéressant si elle chantait une complainte d'homme et non de femme ?

Je le fixai d'un œil stupéfait mais, heureusement, je trouvai aussitôt une solution : je me rappelai une extraordinaire chanson de conscrit, datant du XVIIIe siècle, qui avait été reproduite dans le recueil *Les Chants populaires russes* de Prokounine et je l'exécutai aussitôt.

– C'est exactement ce qu'il nous faut ! Chantez-la à Volodia.

La chanson plut également à Naoumov.

– Amenez la fille, exigeai-je.

« Où est la fille ? Amenez la fille ! Où est la fille ! » Le plateau s'emplit de cris. Et je vis sortir des fumées dantesques un petit oisillon dans les onze ans, au cheveu blond, à l'œil bleu et au visage placide.

– Allons travailler, dis-je à la fillette, et l'on nous conduisit dans une loge loin de l'agitation du plateau.

Je passai deux heures à lui apprendre le chant du conscrit. Il faut, pour être honnête, avouer que c'était un chant archaïque et fort difficile. L'enfant faisait tout ce qu'elle pouvait et finit par en venir à bout. Elle avait une voix forte et pure, mais dure comme du bois. Nous retournâmes sur le plateau et j'annonçai que nous étions prêts.

– Coupez ! On fait une pause.

La fumée se dissipa instantanément. Un cortège solennel se forma de lui-même : devant, la fillette, puis les deux cinéastes, puis moi, puis l'ensemble de l'équipe de tournage ; et, fermant la marche, tous les acteurs qui souhaitaient assister à la démonstration. Tout le monde s'installa dans une salle voisine. Un silence recueilli s'instaura.

– Allez, chante ! dis-je à la petite fille et les visages des deux metteurs en scène prirent à l'avance une expression angélique.

Elle chanta.

Le même silence recueilli s'établit à nouveau. Les expressions de mes deux cinéastes restèrent les mêmes...

– Ouais... C'est bien... proféra enfin Alov.

Tous gardèrent encore un moment le silence puis se levèrent, toujours sans un mot. Le cortège repartit dans la direction opposée, dans un ordre différent cette fois : en tête venaient les acteurs, puis l'équipe, puis on menait la petite fille, je la suivais et les metteurs en scène fermaient la marche. Je tendais l'oreille dans l'espoir d'entendre ce qu'ils diraient mais ils se taisaient. Enfin, Naoumov se pencha à l'oreille d'Alov et lui glissa :

– Eh bien, notre fille, c'est de la merde.

Self-service

C'était une chaude journée de juillet.

On venait de souder à ma vieille Volga des ailes avant neuves. Il fallait encore les enduire par en dessous avec un produit anticorrosion. Après avoir rôdé un moment, je trouvai un seau de cette pâte et je me mis à la recherche de quelqu'un qui accepterait d'effectuer ce travail. Aucun des ouvriers du garage ne se laissa convaincre, malgré toutes mes promesses.

Alors, je me déshabillai jusqu'à la ceinture, enfilai un vieux pantalon de travail, attrapai le seau avec son pinceau et, après m'être signé, je plongeai dans la fosse sous la voiture.

J'y passai près de deux heures et, à la fin, je ressemblais à un tigre royal avec des raies noires qui me zébraient le visage et le torse.

Quand, ayant terminé mon travail, j'émergeai de dessous la Volga, je vis devant moi un homme de petite taille aux allures d'intellectuel. A l'évidence mon allure le frappa et, après avoir étudié un certain temps le spectacle qui s'offrait à ses yeux, il me demanda :

– Elle est à vous, cette voiture ?

– Oui, elle est à moi.

– Et vous avez fait vous-même ce sale boulot ?

– Bien sûr ! Et que pouvais-je faire d'autre, si personne ne voulait s'en charger ?

Une conversation s'ébaucha, portant principalement sur les difficultés qui guettaient tout automobiliste. Puis

Karetnikov en Crimée, 1971.

nous fîmes connaissance : c'était le directeur d'un important institut d'électronique. Il me demanda, en retour, quel était mon métier.

– Je suis compositeur.

– Quel est votre nom ?

Je répondis. A l'époque, deux de mes ballets venaient d'être montés au Bolchoï et mon nom n'était pas totalement inconnu.

– Vous êtes Karetnikov ? s'exclama-t-il, stupéfait.

Son visage s'allongea, il recula de deux pas, me regarda des pieds à la tête dans toute ma splendeur tigroïdale, puis, se prenant la tête entre les mains, il s'exclama avec désespoir :

– Mon Dieu ! Quel pays !

Et c'est ainsi, se tenant la tête dans les mains, qu'il me quitta.

E. Hoffmann.

Le prix d'un ballet

Le ministère de la Culture de Russie m'acheta un ballet en deux actes d'après le récit de E. Hoffmann, *Petit Zachée, surnommé Cinabre*. Au moment de décider, la commission d'achat se divisa en deux (pour et contre) et c'est la voix du président, Igor Boldyrev [58], qui fit pencher la décision en ma faveur.

Je me rendis le surlendemain à son bureau pour signer le contrat.

– Sur quelle somme je peux compter ? demandai-je à Igor Gueorguievitch.

– Et vous-même, sur quelles sommes comptez-vous ? répondit-il en me lançant un regard malin.

A l'époque, il existait, pour les ballets, quatre catégories de prix : cinq, quatre, trois ou deux mille roubles.

Je commis une erreur :

– Je comprends bien, répondis-je, que je ne suis pas un Kabalevski, alors je pense qu'on pourrait me payer quatre mille roubles.

– Eh bien moi, je pense qu'on peut vous payer... (il ménagea une pause) deux mille.

– Igor Gueorguievitch, c'est indécent ! Pour trois années de travail, cela ne fait même pas le salaire d'un balayeur !

– Si vous n'êtes pas d'accord, on peut compter ensemble (il commença à compter sur ses doigts) : vous avez vous-même dit que n'étant pas Kabalevski vous ne prétendez pas à plus de quatre mille ; vous avez pris votre

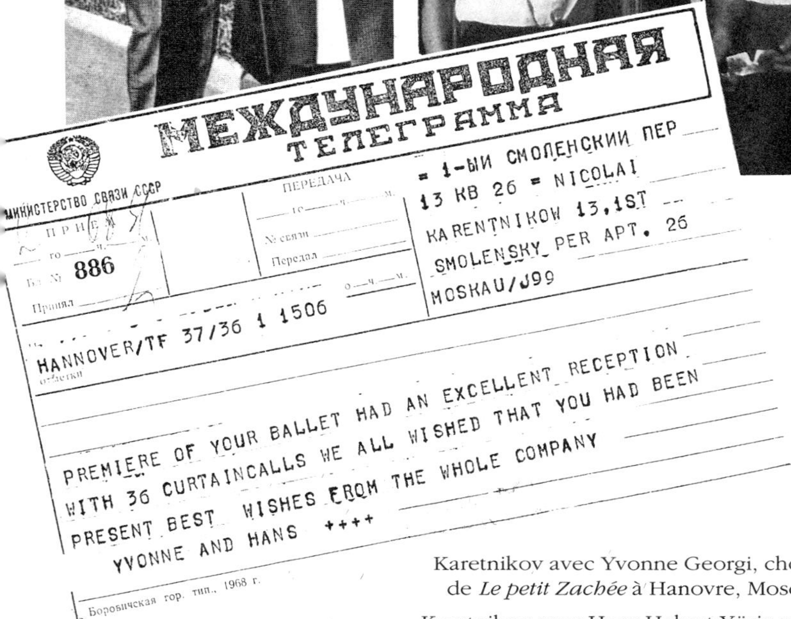

МЕЖДУНАРОДНАЯ
ТЕЛЕГРАММА

МИНИСТЕРСТВО СВЯЗИ СССР

ПРИЕМ
886
Принял

ПЕРЕДАЧА
№ связи
Передал

= 1-ЫИ СМОЛЕНСКИИ ПЕР
13 КВ 26 = NICOLAI
KARENTNIKOW 13,1ST
SMOLENSKY PER APT. 26
MOSKAU/J99

HANNOVER/TF 37/36 1 1506

PREMIERE OF YOUR BALLET HAD AN EXCELLENT RECEPTION
WITH 36 CURTAINCALLS WE ALL WISHED THAT YOU HAD BEEN
PRESENT BEST WISHES FROM THE WHOLE COMPANY
YVONNE AND HANS ++++

Боровичская гор. тип., 1968 г.

Karetnikov avec Yvonne Georgi, chorégraphe de *Le petit Zachée* à Hanovre, Moscou, 1970.

Karetnikov avec Hans Hebert Yöris qui a dirigé son ballet *Le petit Zachée* à Hanovre, Moscou, 1970.

Télégramme adressé à Karetnikov de la part du Théâtre Opernhaus de Hanovre pour le féliciter de la première de son ballet *Le petit Zachée* à laquelle Karetnikov ne put assister, n'ayant pas recu l'autorisation d'aller à l'étranger.

sujet dans un conte de Hoffmann et non dans la réalité soviétique, nous vous enlevons encore mille roubles et cela nous fait trois mille ; enfin la décision de la commission a été loin d'être unanime et cela nous fait encore mille roubles en moins. Et nous voici à deux mille roubles.

INTERVIEW
KARETNIKO

Handzeichnung von E. T. A. Hoffmann

Die Bosheiten des Klein Zack mit Phantasie und Humor vertanzt

In einem bezaubernden Ballett mit dem Titel „Klein Zack genannt Zinnober" erhielt E. T. A. Hoffmanns Märchen „Klein Zaches genannt Zinnober" eine reizvolle künstlerische Verlebendigung. Für das in Hannover mit großem Erfolg uraufgeführte Handlungsballett schrieben der in Moskau lebende Komponist Nikolai Karetnikow die Musik und die beiden Bolschoi-Choreographen Kasatkina und W. Wasiliew das Libretto.

Das Ballett „Klein Zack genannt Zinnober" ist alles andere als nur ein Märchenstück, in dem es um Zauber und Verzauberung geht, in dem die milde Stimmung einer friedfertigen Scheinwelt vorherrscht. Klein Zack ist ein bösartiger Wicht, der Unfrieden stiftet und es versteht, die Macht in einem Fürstentum an sich zu reißen, ein Emporkömmling, vor dem Minister zu Kriechern werden, und die Menschen vor seiner Gewaltherrschaft zittern. Diese Satire auf manche Vorgänge in der heutigen Zeit könnte man sogar ein garstiges politisches Lied nennen.

Als Allegorie ist auch die Musik des sowjetrussischen Komponisten Nikolaj Karetnikow aufzufassen, der sich nicht scheut, punktuell-skurrile Passagen neben die Süßspeise einer fast banal wirkenden nachempfundenen Romantik zu stellen, ein höfisches Menuett sarkastisch zu verhöhnen und eine große Liebesszene mit Harfe und Streichorchester in dick aufgetragenem Sentiment darzustellen. Der Komponist verwendet diese verschiedenen Stilmittel gezielt. Man merkt die Absicht, ist aber keineswegs verstimmt, da es Karetnikow gelang, Ironie musikalisch auszudrücken, ein Unternehmen, dem viele Komponisten hilflos gegenüber stehen.

Allegorie und Wirklichkeit, klassische Tanzformen und pantomimische Elemente miteinander zu verbinden – das war auch die schwierige Aufgabe, vor die sich Yvonne Georgi als Tanzschöpferin gestellt sah.

Ein Kunstgriff war allein schon der Anfang des Balletts, wenn sich bei offenem Vorhang und völlig leerer Bühne das Ensemble nach und nach einfindet. Das war – in diesem Fall – mehr als ein Zugeständnis an das moderne Theater mit der Absicht, das Publikum zu aktivieren, Zuschauerraum und Bühne miteinander zu verbinden. Hier hatte es überdies einen dramaturgischen Sinn, der sich enthüllte, als auf Schlagzeugwirbel des Orchesters hin die Bühne in die Phantasiewelt des Märchens verwandelt wurde. Das Symbolische der Handlung wurde dadurch ebenso hervorgekehrt wie durch die Ballettstudie am Schluß, wenn alle Mitwirkenden noch einmal auf die Bühne kommen, um in weißen Tanzkostümen ein hinreißendes Finale zu zelebrieren, das abgesetzt ist von der voraufgegangenen Handlung. Diese angehängte abstrakte Etüde war ein Einfall, wie er glücklicher nicht hätte sein können, da er zugleich den Schluß der eigentlichen Handlung mit dem makabren Leichenbegängnis Klein Zacks festlich kontrapunktierte.

Rollen boten prägnante Beispiele einer Tanzschöpfung, in der neben dem offenen Humor die tiefere Ironie und sogar Streiflichter reines bissigen Sarkasmus nicht fehlten. alle

Der Beifall nach diesem Abend, der Kurzweil und Tiefgang miteinander verband, wollte kein Ende nehmen.

Hannoversche Allgemeine Zeitung

Uraufführung

Niedersächsische Staatstheater Hannover Opernhaus

Dienstag, 3. März 1970, 20 bis 22 Uhr

Klein Zack genannt Zinnober

Ballett in drei Akten von N. Kasatkina und V. Vasiliev
nach dem Märchen E. T. A. Hoffmanns
Musik von Nikolaj Karetnikov

Choreographie Yvonne Georgi
Musikalische Leitung Hans Herbert Jöris
Bühne und Kostüme Walter Gondolf

Nun geistert "Klein-Zack genannt Zinnober" quicklebendig und vielbeklatscht durch das Opernhaus Hannover.

In der sparsamen Instrumentierung sorgt Karetnikow, der mit dramaturgischem Sinn komponiert, allerdings für Farbenwechsel. Die Begleitung der Titelgestalt beginnt skurril und steigert sich bei der Machtergreifung zu zackigmilitärischen Tönen. Romantische Klänge untermalen die Liebesszenen zwischen Balthasar und Candida. Zu den Auftritten von Fee und Zauberer hört man punktuelle Musik. Und für die Hofwelt verwendet der Komponist, zweifellos in sozialkritischer Absicht, banale Noten.

Das Premierenpublikum spendete lang anhaltenden Beifall.

Großer Beifall für die Uraufführung des Balletts „Klein Zack" im Opernhaus

Nikolaj Karetnikow
KLEIN ZACK GENANNT ZINNOBER
Ballett in drei Akten nach dem Märchen von E. T. A. Hoffmann
Orchester: 3(2. auch Picc. und G-Fl., 3. auch Picc.)·2·4·Alt-, Sopran-Sax.·3 - 4·4·3·1 - Pk., Schl., Xyl., Tam-Tam - 2 Hf., Klav. - Str.
abendfüllend

UNIVERSAL EDITION

L'affiche du ballet *Le petit Zachée*, Hanovre, Opernhaus, 1970.

Le petit Zachée, Opernhaus, Hanovre, 1970. ⇨

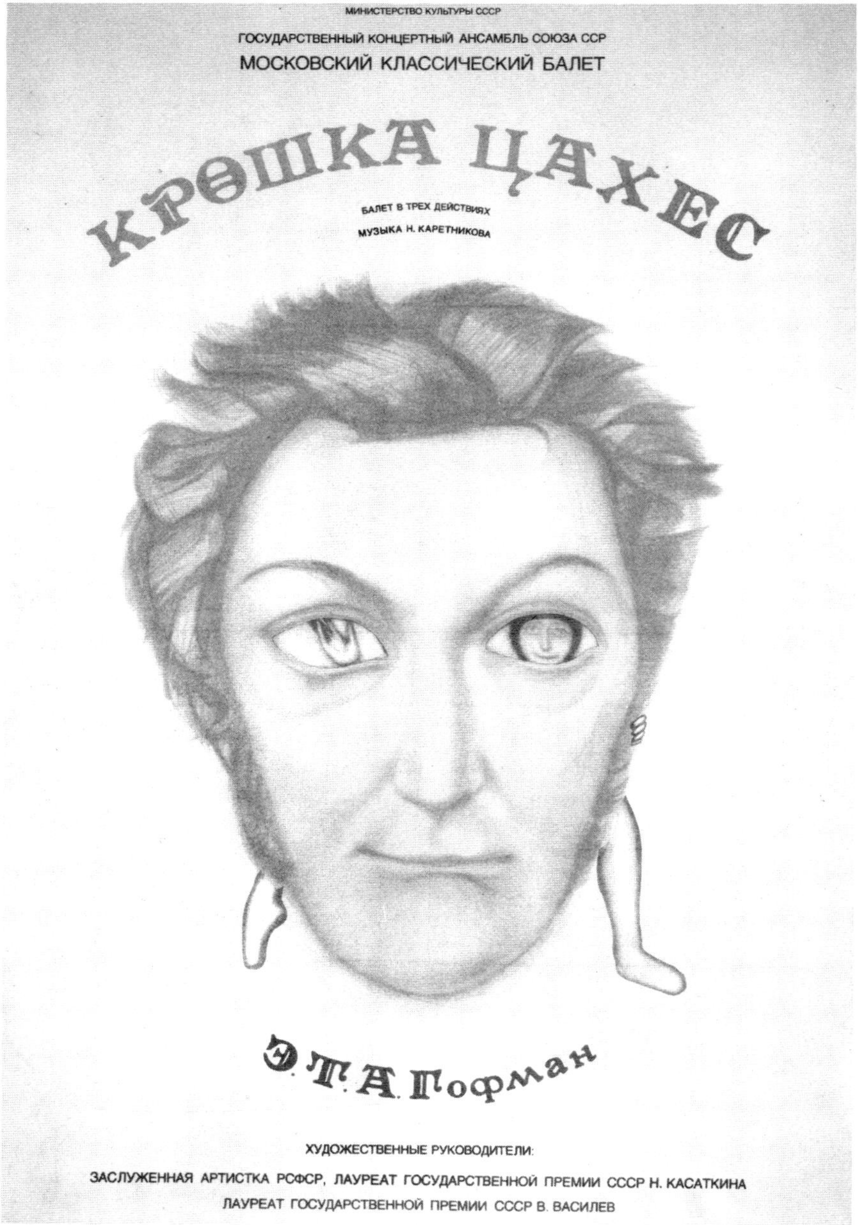

L'affiche de *Le Petit Zachée*, Ballet Classique de Moscou, 1983.

Il me montra deux doigts.

Je décidai de tenter le tout pour le tout :

– Dites-moi, vous avez bien, là maintenant, trois roubles dans votre poche ?

Sentant que je lui proposai un jeu, Boldyrev eut un petit sourire m'indiquant qu'il l'acceptait :

– Supposons que oui.

– Bien, alors voilà ce que je vous propose : sans aucun contrat, vous, personnellement, là, tout de suite, vous me donnez vos trois roubles ; moi, je pose sur votre bureau la partition et ainsi j'aurai vendu mon ballet.

Visiblement, mon discours avait séduit Boldyrev.

– Et qu'est-ce que vous allez faire avec vos trois roubles ?

– En sortant de chez vous, je m'achèterai une bouteille de vodka (nous étions en 1967 et la bouteille de vodka coûtait 2 roubles et 87 kopecks), je la sifflerai sous le premier porche venu et il me restera encore une pièce de deux kopecks pour téléphoner à ma femme et lui annoncer que j'ai vendu mon ballet.

– Permettez, mais il vous restera encore onze kopecks !

– Il faut bien avaler quelque chose pour faire passer la vodka ! Je m'achèterai un sandwich au fromage.

Il resta quelques minutes à m'étudier en souriant, puis conclut :

– Bon, d'accord. Coupons la poire en deux : trois mille !

Où il est encore une fois question de repentir

La télévision avait proposé à Evgueni Schiffers [59] de porter à l'écran le livre de Norman Mailer *Le Nègre blanc*. Mailer y raconte comment il s'est maquillé pour jouer le rôle d'un Noir. Il s'ensuivit certains désagréments : ce qui était particulièrement effrayant, c'était l'apparition immédiate chez lui d'un sentiment d'infériorité.

Schiffers avait déjà fait tourner les bouts d'essais aux acteurs et l'on pouvait voir le héros du film prononcer, en fixant la caméra, un monologue émouvant, plein d'humanité, de bonté et d'une véritable résignation chrétienne.

Le conseil artistique, présidé par Elem Klimov [60], devait se réunir pour visionner les bouts d'essais. J'assistais à la réunion en tant qu'un des membres de l'équipe, car Schiffers m'avait proposé d'écrire la musique de son film.

Tout le monde prit place. On resta un moment silencieux puis Klimov posa la première question :

– Dites-moi, Evgueni Lvovitch, pourquoi avez-vous choisi ce thème ?

– Voyez-vous, répondit Schiffers, c'est un sujet que je vis de tout mon être. J'étais, je suis et je serai contre toute forme de chauvinisme national, le chauvinisme bureaucratique, contre tous les chauvinismes. Et j'éprouve le besoin d'en parler.

– Mais on sent dans vos essais, outre une orientation des plus précises, une implication personnelle.

– Voyez-vous, ma mère est arménienne, mon père allemand et je porte un nom étrange : Schiffers. A cause de ce nom beaucoup de gens croient que je suis... (d'une

Elem Klimov.

voix forte et lente) un juif ! (Les membres du conseil artistique se regardèrent. Leurs visages exprimaient clairement : « Pourquoi ? Pourquoi en parler à voix haute ? »)

– Quand j'eus atteint un certain âge, poursuivit Schiffers d'une voix normale, je commençai à éprouver, quand je sortais dans la rue, certains désagréments : on me traitait (de nouveau d'une voix forte) de juif ! (Et de nouveau parmi l'assistance le même « pourquoi ? »)

– Alors j'allai voir mon père, continua Schiffers d'une voix normale, et lui demandai : « Qui sommes-nous ? » et lui me dit : « Pourquoi tu me poses cette question ? » Je lui racontai alors mes ennuis dans la cour de l'immeuble. Mon père resta un moment silencieux puis me répondit : « Mon fils, tu es... (d'une voix forte) juif ! Ainsi (la voix de Schiffers était redevenue normale) j'ai éprouvé la situation du film dans mon propre corps. C'est pourquoi ce thème est pour moi important et je ne peux pas ne pas le traiter.

Schiffers avait compris depuis le début qu'on ne le laisserait pas tourner ce film comme il l'entendait. Ayant achevé son discours, il se dirigea vers la porte et il l'avait déjà ouverte quand un des membres du conseil, mû par des sentiments très humains (tout le monde savait que Schiffers était sans travail et n'avait tout simplement pas de quoi manger), courut derrière lui :

– Evgueni Lvovitch, lui cria-t-il, mais vous, vous, qu'allez-vous devenir ?

Schiffers se retourna et examina longuement et calmement tous les présents :

– Pensez à vous-même... Il faut se re-pen-tir !

Et il referma la porte derrière lui.

Norman Mailer.

Allusions

Pour décider de produire un film-ballet d'après le récit de Hoffmann, *Petit Zachée, surnommé Cinabre,* le conseil artistique des studios Lenfilm n'eut pas besoin de plus de deux heures ; il écouta des fragments de la musique et se fit exposer les principes de la mise en scène.

Mais comme on n'avait jamais encore filmé un ballet qui n'eût pas été auparavant monté sur scène, Lenfilm envoya une lettre à Moscou, au vice-président du Goskino pour lui demander l'autorisation de payer le scénario du ballet, car, officiellement, ce genre n'existait pas.

Au bout de trois mois, Lenfilm n'avait toujours pas reçu de réponse. Lassé d'attendre, je finis par demander à Mikhaïl Yourievitch Bleiman, qui était conseiller auprès du Goskino [61] de me ménager une entrevue avec le vice-président, qui était à l'époque (nous étions en 1967) Vladimir Evtikhianovitch Baskakov. Et c'est Bleiman qui m'introduisit dans le cabinet de Baskakov.

Ce dernier me connaissait, et à peine eus-je franchi le seuil qu'il se redressa derrière son bureau directorial de toute sa taille gigantesque et, penché en avant, il m'attaqua :

– Vous voulez filmer un ballet antisoviétique !

– Que dites-vous là ? Hoffmann a écrit son récit en 1819 ! C'est donc totalement impossible !

– Et malgré tout, vous voulez filmer un ballet antisoviétique !

– Mais nous n'avions aucune intention politique ! La seule chose qu'on peut y voir, si l'on veut à tout prix y

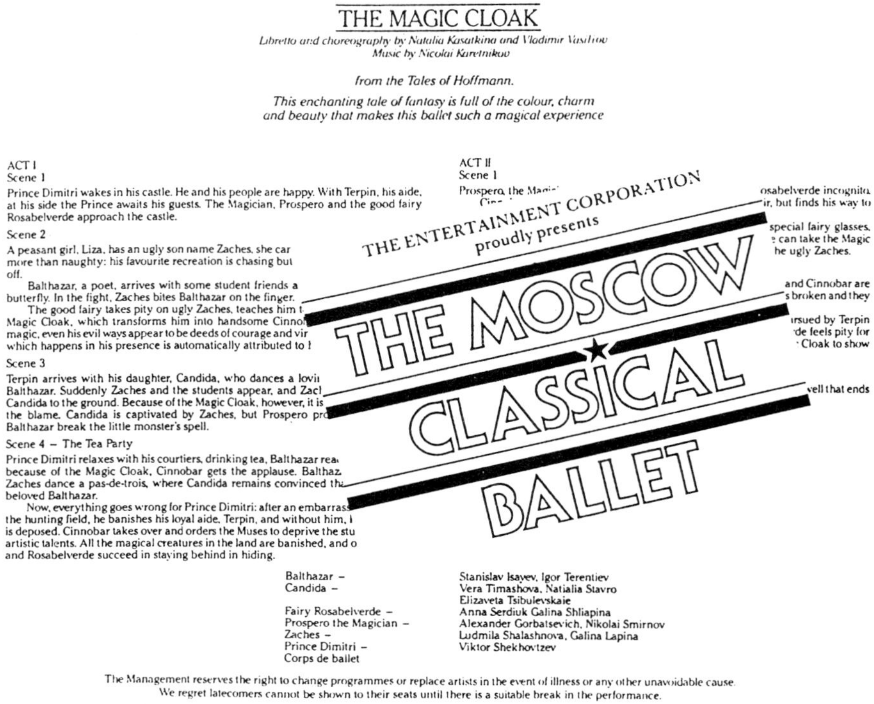

THE MAGIC CLOAK

Libretto and choreography by Natalia Kasatkina and Vladimir Vasiliov
Music by Nicolai Karetnikov

from the Tales of Hoffmann.

This enchanting tale of fantasy is full of the colour, charm and beauty that makes this ballet such a magical experience

ACT I
Scene 1

Prince Dimitri wakes in his castle. He and his people are happy. With Terpin, his aide, at his side the Prince awaits his guests. The Magician, Prospero and the good fairy Rosabelverde approach the castle.

Scene 2

A peasant girl, Liza, has an ugly son name Zaches, she car
more than naughty: his favourite recreation is chasing but
off.

Balthazar, a poet, arrives with some student friends a
butterfly. In the fight, Zaches bites Balthazar on the finger.

The good fairy takes pity on ugly Zaches, teaches him t
Magic Cloak, which transforms him into handsome Cinno
magic, even his evil ways appear to be deeds of courage and vir
which happens in his presence is automatically attributed to h

Scene 3

Terpin arrives with his daughter, Candida, who dances a lovi
Balthazar. Suddenly Zaches and the students appear, and Zac
Candida to the ground. Because of the Magic Cloak, however, it is
the blame. Candida is captivated by Zaches, but Prospero pr
Balthazar break the little monster's spell.

Scene 4 – The Tea Party

Prince Dimitri relaxes with his courtiers, drinking tea, Balthazar rea
because of the Magic Cloak, Cinnobar gets the applause. Balthaz
Zaches dance a pas-de-trois, where Candida remains convinced th
beloved Balthazar.

Now, everything goes wrong for Prince Dimitri: after an embarrass
the hunting field, he banishes his loyal aide, Terpin, and without him, h
is deposed. Cinnobar takes over and orders the Muses to deprive the stu
artistic talents. All the magical creatures in the land are banished, and o
and Rosabelverde succeed in staying behind in hiding.

ACT II
Scene 1

Prospero, the Magic
osabelverde incognito
ir, but finds his way to

special fairy glasses,
can take the Magic
he ugly Zaches.

and Cinnobar are
s broken and they

rsued by Terpin
de feels pity for
Cloak to show

vell that ends

Balthazar –	Stanislav Isayev, Igor Terentiev
Candida –	Vera Timashova, Natialia Stavro
	Elizaveta Tsibulevskaie
Fairy Rosabelverde –	Anna Serdiuk Galina Shliapina
Prospero the Magician –	Alexander Gorbatsevich, Nikolai Smirnov
Zaches –	Ludmila Shalashnova, Galina Lapina
Prince Dimitri –	Viktor Shekhovtzev
Corps de ballet	

The Management reserves the right to change programmes or replace artists in the event of illness or any other unavoidable cause.
We regret latecomers cannot be shown to their seats until there is a suitable break in the performance.

Le Petit Zachée. Programme de la tournée en Angleterre du Ballet Classique de Moscou, 16/26 mai 1984.

trouver quelque chose, ce sont des rapprochements avec la venue de Hitler au pouvoir.

– Et voilà ! On les connaît, vos sujets antifascistes ! Nous savons comment ils peuvent être réinterprétés. Vous voulez filmer un ballet antisoviétique !

– Hoffmann ne pouvait pas avoir cela en vue ; et d'ailleurs, c'était un démocrate qui combattait aux côtés du tiers état.

– Alors, si vous vouliez absolument vous inspirer de Hoffmann, pourquoi n'avez-vous pas pris *Les Frères Sérapion ?* Des géants, aucune analogie ! demanda Baskakov, révélant ainsi sa culture d'ancien étudiant de l'IFLI[62]. Eh bien non ! Vous avez choisi précisément *Petit Zachée !* Vous voulez créer un ballet antisoviétique !

Et cette phrase, qu'il répétait encore et encore, me poursuivit alors que je quittais le bureau du vice-président du Comité d'État au cinématographe.

THE MOSCOW CLASSICAL BALLET

Scène du ballet *Le Petit Zachée*,
monté à Moscou par N. Kasatkina et V. Vassilov,
Ballet classique de Moscou, 1983.

Programme du concert donné le 7 mars 1985 au Conservatoire de Moscou:
La *Quatrième Symphonie* de Karetnikov, dédiée à Dmitri Chostakovitch,
est dirigée par Guenadï Rojdestvenski.

МОСКОВСКАЯ ОРДЕНА ТРУДОВОГО КРАСНОГО
ЗНАМЕНИ ГОСУДАРСТВЕННАЯ ФИЛАРМОНИЯ

БОЛЬШОЙ ЗАЛ
КОНСЕРВАТОРИИ

ГОСУДАРСТВЕННЫЙ СИМФОНИЧЕСКИЙ ОРКЕСТР
МИНИСТЕРСТВА КУЛЬТУРЫ СССР

Дирижер —
Художественный руководитель и главный дирижер оркестра
Народный артист СССР, лауреат Ленинской премии

ГЕННАДИЙ
РОЖДЕСТВЕНСКИЙ

Комментарии к программе концерта —
Г. РОЖДЕСТВЕНСКИЙ

Четверг, 7 марта
АБОНЕМЕНТ № 7
Сезон 1984—1985 гг.

I отделение

ГАЙДН (1732—1809) — Симфония № 102 си-бемоль мажор («Лондонс
Largo. Vivace
Adagio
Менуэт. Allegro
Финал. Presto

Н. КАРЕТНИКОВ (1930) — Симфония № 4
(Посвящается Д. Шостако

...еление

БАСНЕР ... № 1
Посвящается Д. Шостако
...ный марш. Adagio
...о. Allegro vivo
...он. Andante sostenuto
...ическая поэма. Allegro
...3 ми-бемоль мажор
(«Лондонс
...llegro con spirito
...iu tosto allegretto
...no
...gro con spirito

Karetnikov et G. Rojdestvenski
après l'échec de sa représentation

ORCHESTRA

4 Flauti grandi (Fl. II=Fl. picc. II)
(Fl. III=Fl. picc. I)
(Fl. IV=Fl. alto in G)
2 Oboi
Clarinetto piccolo (Es)
2 Clarinetti (B)
Clarinetto basso (B)
Saxophone tenore (B)
2 Fagotti
Contrafagotto
***
6 Corni (F)
4 Trombe (B)
4 Tromboni
Tuba
***
Timpani
Costagnetti
Frusta
Legni
Tamburo militare
Piatto sospeso piccolo
Piatto sospeso grando
Cassa
Tam-tam
***
Silofono
Campanelli
2 Arpe
Piano
***
Violini I (9 Pulti)
Violini II (7 Pulti)
Viole (7 Pulti)
Violoncelli (6 Pulti)
Contrabassi (5 Pulti)
Durata: 25'

Liste
des instruments
pour la
Quatrième Symphonie
de Karetnikov.

Couverture de partition de la *Quatrième Symphonie,* Op. 17, publiée aux éditions Compositeur Soviétique, Moscou, 1982.

Une proposition

En 1961, après que le Bolchoï eut monté mon ballet *Vanina Vanini,* qui fut qualifié de dangereuse entreprise antisoviétique parce qu'elle utilisait les principes de la dodécaphonie sérielle, je fus entouré pendant de longues années par une conspiration du silence, organisée par le ministère de la Culture. Toutes les portes, celles de la radio, du cinéma, de la Philharmonie se fermèrent devant moi. Je n'avais même plus de quoi manger. Mon téléphone resta silencieux pendant trois ans. Ce n'est qu'à la fin de 1964 que je pus noter un certain relâchement.

Le département de la musique symphonique à la Radio qui, de 1957 à 1961, avait acheté et fait exécuter la moindre note de ma composition, ne donnait aucun signe de vie.

En 1967, on exécuta ma *Quatrième symphonie* au cours du festival « Le Printemps de Prague ». Chez nous, le silence était toujours le même.

Mais, au printemps 1969, après une interruption de huit ans, je reçus soudain un coup de téléphone du responsable du département de la musique symphonique à la Radio :

– Kolia, on m'a dit qu'une de tes symphonies a été jouée à Prague. Tu ne pourrais pas nous la montrer ?

Je fus fort surpris. J'étais sûr qu'il ne laisserait pas passer sur les ondes ne serait-ce qu'un pâle reflet de cette musique.

– Et pourquoi faire ?

– On voudrait bien savoir ce que tu fais maintenant comme musique.

J'acceptai.

Quand j'entrai dans le bureau du responsable en chef de toutes les musiques de toutes les Radios, j'y trouvai le chef en personne, le responsable de la musique symphonique et un de leurs collaborateurs. Je me sentis sur mes gardes : cela faisait beaucoup de monde pour une simple audition.

Nous écoutâmes l'enregistrement de la *Quatrième.*

Il s'ensuivit une discussion où l'on m'expliqua que j'écrivais une musique de cauchemar, que je ne savais plus travailler, que je ne serais même plus capable, aujourd'hui, de composer la plus élémentaire des mélodies, que je n'étais plus en état de voir quels étaient le rôle et le but de la musique en ce monde, que je ne pourrais tout simplement pas gagner ma vie si je continuais à créer ce genre de cauchemar dont personne n'avait rien à faire, que personne ne prendrait ma défense, que ceux à qui ma musique plaisait étaient des fous, que Guennadi Rojdestvenski qui voulait la jouer était fou, quant aux Tchèques ils l'étaient aussi, bien évidemment.

Ce délire dura une quarantaine de minutes.

Pendant tout ce temps je me torturais le cerveau en essayant de comprendre pourquoi donc ils m'avaient demandé de venir.

Enfin, le « chef » trancha :

– Bon, ça suffit, parlons affaires ! Nous savons qui tu es et ce que tu sais faire. C'est pour cette raison que nous faisons notre proposition à toi et non à quelqu'un d'autre.

– Mais je ne compose que dans le genre de ce que vous venez d'entendre.

– Tu feras comme tu jugeras bon.

– Bien. De quoi s'agit-il ?

– Nous sommes en 1969. On commémorera l'an pro-

Affiche hollandaise de La *Quatrième Symphonie*.

chain le centenaire de la naissance de Lénine et le cinquantenaire de la création du Komsomol, tu peux choisir celui que tu veux. Tu peux écrire un opéra ou un oratorio, une cantate, une symphonie ou un poème symphonique... Nous payons le double des honoraires habituels. Choisis ! Tu as presque un an devant toi.

Tout était clair maintenant. Il fallait tenter de faire bouger la situation.

– Pour ce qui est du Komsomol, je ne sais pas... J'ai été pendant deux ans responsable du Komsomol à l'école, puis pendant encore cinq ans responsable du Komsomol de mon année au Conservatoire, et enfin encore trois ans responsable du Komsomol à la section de Moscou de l'Union des compositeurs. Pendant tout ce temps, je ne suis pas parvenu à comprendre à quoi il servait. Je peux donc vous dire dès maintenant que je ne composerai rien sur ce sujet. Par contre, en ce qui concerne Lénine, c'est plus intéressant et cela mérite réflexion...

A ces derniers mots, mes trois interlocuteurs s'animèrent et me posèrent, sous différentes formes, la même question : « Quelles étaient ces réflexions ? »

– Il me semble, répondis-je, qu'il est possible d'écrire sur ce thème une grande œuvre tragique ; le problème est de trouver un dramaturge à la hauteur ; pourriez-vous m'aider à en trouver un ?

– Mais pourquoi donc avez-vous dit « tragique » ? s'exclamèrent-ils quasiment en chœur.

– Bien sûr, que c'est un sujet tragique ! Pensez un peu à ce qu'avait voulu faire Lénine et à ce que cela a donné en réalité. On sait qu'il en était conscient à la fin de sa vie. Alors, vous pouvez me donner un écrivain ?

Je parlais aussi ouvertement non pas parce que je voulais me prouver ou leur prouver mon audace : j'en avais tout simplement assez de mentir et d'éviter les réponses directes.

Ils me fixaient en silence. Je venais de les coincer et ils le comprenaient parfaitement.

– Bien, dit finalement le « chef », tu peux disposer. On te le trouvera, ton dramaturge.

Et aucun des trois ne me dénonça, or au moins deux d'entre eux auraient pu le faire.

Dix-neuf années se sont écoulées depuis cette scène. Ils sont tous les trois morts. Et moi, j'attends toujours mon dramaturge.

Projet de A. Thcthousev pour le mausolée de Lénine, 1924.

Cahiers du poète A. Galitch.

Sine nomine

Nous avions passé, Galitch et moi, toute la journée ensemble et les deux bouteilles de cognac de rigueur étaient vides. Mais, cette fois-là, je ne sais pourquoi, Galitch trouva que ce n'était pas suffisant et, me laissant

A. Galitch, Munich 1975.

seul dans la minuscule pièce qu'il occupait à la maison des cinéastes, il prit sa guitare et partit faire le tour des voisins pour « remettre ça », payant les verres avec des chansons.

A. Galitch avec sa femme à Stavanger, Norvège 1974.

Il revint dans cet état où les réflexes de défense les plus élémentaires ne fonctionnent plus. Dès le seuil, avant même d'avoir refermé la porte, il cria d'une voix qui emplit tout le corridor de l'appartement communautaire :

– Kolia ! Nous sommes un grand pays ! Dans aucun autre pays au monde la poésie n'a le prix qu'on lui accorde ici : chez nous on peut recevoir une balle dans la tête pour un poème. Et je ne leur pardonnerai jamais – sa voix qui possédait de nature des accents dans les registres les plus graves se transforma en un grondement terrible – je ne leur pardonnerai ni Tsvetaïeva, ni Mandelstam, ni Zabolotski ! Tu sais comment est mort Kharms [63] ? C'était un homme craintif et doux. Il ne demandait jamais rien à personne. Au début de la guerre, on l'oublia dans sa cellule et il y mourut doucement de faim ! Je ne leur pardonnerai ni Vvedenski, ni Oleïnikov [64], ni Pasternak ! Je ne les leur pardonnerai jamais, non, jamais !

Sacha se jeta sur son lit, la tête dans l'oreiller et dans ses grondements je pouvais entendre des sanglots...

Et je ne peux plus le décrire, je ne peux pas ! Non, je ne peux pas !

Signature de
Mikhaïl Boulgakov.

Nostalgie

L'écriture des chœurs religieux pour le film *La Fuite* me prit moins de deux jours, un temps exceptionnellement court pour moi. Je fixai les sons presque sans réfléchir.

Alov et Naoumov[3] qui m'obligeaient toujours à préparer trois ou quatre variantes, acceptèrent sur-le-champ mes chœurs, bienveillants comme des roses au soleil, et ils m'envoyèrent à la rédaction musicale du studio pour ratification.

La responsable de la musique, qui me haïssait d'une haine paisible depuis qu'elle me voyait aux studios de Mosfilm, ratifia aussitôt les chœurs avec une satisfaction évidente. C'était maintenant le tour du conseiller pour la musique religieuse.

Le conseiller, chef de chapelle à la cathédrale de la rue Ordynka, s'avéra très content de mon travail et, sans perdre de temps, m'en commanda aussitôt un autre pour lui-même, me prévenant toutefois à l'avance que l'Eglise ne pourrait pas me payer car « de nos jours, il n'y a pas de budget pour ce genre de dépense ». « On ne tient pas de comptes avec le Seigneur », lui répondis-je.

On proposa l'exécution au chef des chœurs de la Radio. Ayant écouté ma musique, Klavdiï Borissovitch Ptitsa[65] se jeta dans mes bras en pleurant.

On donna ma partition aux copistes. Le travail fut fait en deux jours. Quand je vis les partitions des différentes voix je fus stupéfait : on aurait dit qu'elles avaient été imprimées, tellement la calligraphie en était soignée et les majuscules avaient des allures de lettrines d'un manuscrit ancien.

Ptitsa réunit une soixantaine d'abrutis. Pendant la dizaine de répétitions, ces soixante hommes frustes étaient si attentifs et silencieux « qu'on aurait pu

Mikhaïl Boulgakov
regardant
sa maison à Kiev.

entendre voler une mouche ». Quand ils chantèrent pour la première fois le chœur funèbre, je vis que la moitié d'entre eux s'essuyaient les yeux.

Je ne parvenais pas à trouver un soliste pour la partie du sacristain. Le jour de l'enregistrement, complètement désespéré, Ptitsa m'ordonna :

– Chantez !

Je m'approchai du micro et, pour la première fois de ma vie, je sentis que j'avais de la voix. Aussitôt après l'enregistrement, elle redisparut pour toujours.

Quand tout fut terminé, le responsable du Parti pour le chœur s'approcha de moi et me demanda avec une voix pleine d'espoir :

– Nikolaï Nikolaevitch, n'auriez-vous pas autre chose dans le même genre ?

Alexandre Blok et
son portrait par K. Somov, 1907.

Reçu en héritage

Quand nous étions seuls, il nous arrivait souvent, Galitch et moi-même, de nous réciter des poèmes. Le poète que Galitch aimait et connaissait le plus était Alexandre Blok [66].

Un jour, je lui récitai plusieurs poèmes écrits par Volochine après la révolution. Le dernier d'entre eux était *Kitèj* [67].

Dès que j'eus fini, Galitch me demanda de le répéter.

Ivre des sonorités volochiniennes, je le récitai encore une fois.

Galitch était frappé de stupeur. Il connaissait le Volochine d'avant la révolution, mais n'avait aucune idée du Volochine de la dernière période, et il ne pouvait deviner ce que c'était. C'est pour cette raison que le choc subi était particulièrement fort. Galitch s'étranglait.

Un mois, ou peut-être six semaines après, je reçus un coup de téléphone impératif de Galitch :

– Arrive immédiatement, exigea-t-il. Je viens d'écrire quelque chose et je dois te le lire !

Son ton était fier et triomphant.

Je me rendis chez lui.

Il me lut... le *Kitèj* de Volochine répété quasiment mot pour mot.

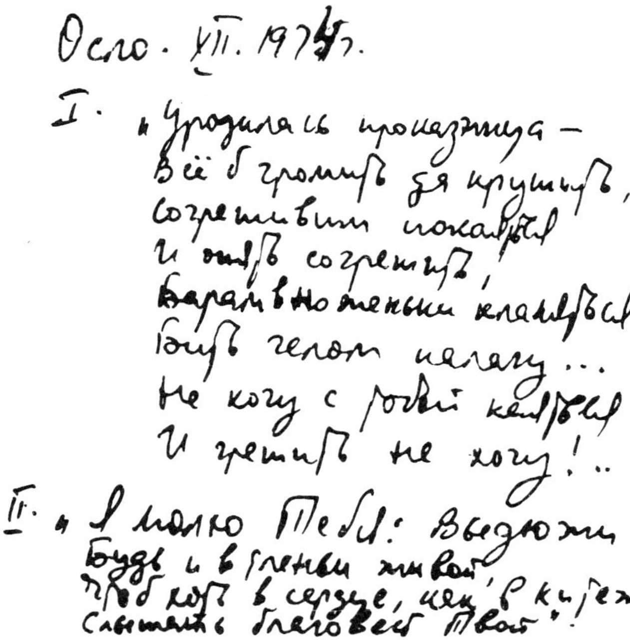

Alexandre Galitch en Norvège,1974.
Silhouette d'Alexandre Blok par E. Krouglikova.
Manuscrit d'un poème d'Alexandre Galitch.

Galitch l'avait endossé, comme un fils endosse le veston de son père : avec le sentiment d'une possession parfaitement légitime.

– Sacha, mais tu es fou ! Tu as tout simplement répété Volochine !

– De quoi ?

– Tu te souviens, je t'ai lu il y a un mois le *Kitèj* de Volochine ?

– Oui, bien sûr, je me souviens. Et alors, ça ressemble beaucoup ?

Je lui récitai *Kitèj* à nouveau et, quand j'eus terminé, je le vis se tenant la tête entre les mains. Il avait l'air coupable d'un enfant qui vient de faire une bêtise. Il en gémissait même.

Le lendemain, il m'appelait pour me réciter le poème qu'il appela d'abord *Lamentations russes* et auquel il redonna ensuite son titre légitime : *Kitèj*.

Pochette du premier disque d'Alexandre Galitch,
sorti à Moscou en 1989, enregistrement du 22/12/1971.

Encore un converti

Je parle au téléphone avec le compositeur B., pour la première fois après un silence long de vingt ans (depuis 1960 me semble-t-il). Il m'apprend qu'il a été gravement malade et soudain la conversation prend un tour confidentiel. Je découvre que nous sommes de la même foi et appartenons à la même Eglise. Cependant, je n'oublie pas que mon interlocuteur est aussi membre du Parti.

Comme toujours, j'éprouve un sentiment de joie en découvrant un homme appartenant à la même foi que moi.

– Dis-moi, me demande-t-il soudain, tu es toujours marié à la femme que j'ai connue dans le temps ?

– Non, j'ai divorcé et je me suis remarié.

– Et ta femme actuelle, elle est juive elle aussi ?

– Non, c'est une russe.

– Voilà qui est bien ! Voilà qui est magnifique ! Enfin tu t'en es débarrassé ! C'est une bonne, une très bonne nouvelle !

– Qu'est-ce que tu es en train de me raconter ? Tu es devenu fou ou quoi ?

– Et pourquoi cela ?

– Notre Seigneur est venu aux juifs et il s'est incarné parmi eux !

– Il faudrait encore le prouver, qu'il est venu aux juifs (il ne s'oppose pas à ce qu'il se soit incarné !).

– Mais comment tu peux oser dire des choses pareilles ?

– Mais parce qu'ils se fourrent partout, et même dans notre foi. Il ne leur a pas suffi de nous coller sur les bras la révolution de 1917, maintenant ils vont nous souiller notre Eglise orthodoxe !

Ton contemporain

Après avoir parlé musique, D. D. (Chostakovitch) me demanda soudain :

– Dites-moi, Nikolaï Nikolaevitch, n'auriez-vous pas vu, pour ainsi dire, oui, pour ainsi dire, ce film, ce film qui, pour ainsi dire, passionne tout le monde ?

– Mais de quel film voulez-vous parler, Dmitri Dmitrievitch ?

Dmitri Chostakovitch et Vsevold Meyerkhold, 1929.

– C'est, pour ainsi dire, *Ton contemporain,* c'est ça, voilà, *Ton contemporain.*

– Oui, je l'ai déjà vu.

– Je serais très intéressé de savoir, pour ainsi dire, ce que vous en pensez, c'est ça, très intéressé.

– Je ne sais vraiment pas quoi vous dire. Je pense que vous le trouverez ennuyeux.

– Et pourquoi donc, pour ainsi dire, c'est ça, pourquoi donc ?

Dédicace d'Anna Akhmatova pour Dmitri Chostakovitch, 22/12/1958.
Dmitri Chostakovitch travaillant sur la *Septième Symphonie*,
dite, *Symphonie du blocus de Leningrad*.

– Le problème est que le héros du film est un certain gaz, le « kaetane », et les valeurs morales que ce film défend ne vont pas plus loin que ce que nous disaient nos mamans dans notre enfance : ne vole pas, ne mens pas, respecte tes aînés.

– Mais c'est magnifique ! C'est magnifique ! Maintenant, justement maintenant, pour ainsi dire, est venu le moment de répéter, pour ainsi dire, de répéter, où il faut, pour ainsi dire, où il faut répéter ces vérités. Ce doit être un film magnifique, magnifique pour ainsi dire. Je vais aller sans faute le voir, le voir, pour ainsi dire, sans faute !

Déclaration d'amour

Les enfants mirent un disque qu'ils venaient d'acheter. Et j'entendis quelque chose dans le genre de :

La-la-la-la-lère
Vive la pomme de terre
Tra-la-la-la
Et le chocolat.

Toute vie était devenue impossible. La mélodie vous entrait dans la tête d'un coup, comme un chargeur dans un pistolet, et s'accrochait à votre mémoire comme l'huître bien connue à son rocher. Elle tournait en moi sans interruption malgré ma volonté.

Cette torture durait depuis quatre jours quand je rencontrai l'auteur de cette œuvre immortelle dans l'escalier de la Maison des compositeurs. Ravi, je l'attrapai par les revers de son veston et le poussai contre le mur :

– Enfin, je te vois ! Enfin je vais pouvoir te dire mon amour pour toi !

Il leva une oreille droite surprise et me jeta un regard méfiant :

– Qu'est-ce qui se passe ?

– Vois-tu, j'ai maintenant des enfants et j'ai pu enfin me régaler tout mon saoul de ta musique ; je dois dire que tu es un grand homme. Et tu es aussi un homme d'une grande pureté, un véritable Parsifal du monde de la musique...

Il se redressa de toute sa petite taille et ses yeux s'arrondirent d'étonnement. Je lâchai son veston.

Dormition, icône milieu du xve siècle,
collection de la galerie Tretiakov à Moscou, école russe et byzantine.

– Je comprends, continuai-je, que s'il y a un énorme marché il faut le satisfaire. Mais toi, tu es pur, tu ne fais pas semblant, comme certains, d'être je ne sais quel « novateur ». Non, tu choisis ce qui entre dans l'oreille de l'enfant sans la moindre anicroche. Ce n'est pas un travail facile. On entend que tu évites soigneusement la moindre intonation nouvelle. Et jamais on n'entend chez toi ce qui n'était pas déjà répété des millions de fois du temps de nos grands-mères. Je suis sûr que c'est de toi que parle l'Évangile quand il dit : « Bienheureux les pauvres d'esprit ».

Le mot « pauvre » le fit sursauter d'effroi :

– Et pourquoi donc pauvre ?

– N'aie pas peur ! Le Seigneur avait en vue qu'on viendrait à lui sans rien dans les mains.

– Ah bon, alors ça va !

– Tu sais, je suis persuadé que l'on pourrait écrire plusieurs thèses à ton sujet ! Ce n'est pas grave si elles débouchent sur des jugements négatifs, tu sais bien qu'en science un résultat négatif est aussi un résultat intéressant. Alors, accepte la manifestation de mon admiration et de mon amour !

D'étonnement, il découvrit ses incisives de dessus et ressemblait maintenant à un lapin.

– Est-ce que je pourrai te téléphoner un jour, me demanda-t-il, d'un ton humble.

– Mais bien sûr, bien sûr ! Tu peux téléphoner à n'importe quelle heure du jour ou de la nuit. Je suis tien à jamais !

Karetnikov en 1967.

Grande salle du Conservatoire de Moscou.

Scène du ballet *Spartacus* d'Aram Khatchatourian.

Sur l'escalier

Je monte l'escalier de la grande salle du Conservatoire. A l'autre extrémité des larges marches, je vois descendre Aram Khatchatourian. M'ayant remarqué, il coupe énergiquement la foule et l'escalier en diagonale, me saisit la main entre les deux siennes, la secoue avec enthousiasme et s'exclame :

– Je vous félicite, Nicolaï Nikolaevitch ! Je vous félicite de tout mon cœur !

– Mais pourquoi, Aram Ilitch ?

– ... ? ... Comment cela, il n'y a aucune raison pour vous féliciter ?

– Absolument aucune.

– Et moi, on m'a dit qu'il fallait vous féliciter.

1970-1988

Aram Khatchatourian.

Réflexions...

Salle du *Carnegie Hall* à New-York.

...sur une salle de concert pour l'humanité tout entière

Il me semble que l'on peut parler aujourd'hui, grâce au développement intensif des moyens de communication, de la possibilité d'organiser des concerts de musique classique mondiaux de manière radicalement nouvelle. La transmission par satellite permet d'utiliser de gigantesques écrans de télévision dans des multiplex mondiaux, devant d'énormes auditoires et avec leur participation directe. A la différence de la pratique actuelle, où tous les interprètes se trouvent en un seul lieu et que leur musique est diffusée à travers le monde entier, ils pourront se trouver dans des endroits différents de la planète, suivre le chef d'orchestre sur un grand écran et exécuter ensemble une même œuvre tout en étant éparpillés sur les cinq continents. La simultanéité devra être (pour compenser les décalages dus aux distances différentes) justifiée par des retards gérés par ordinateur. Dans ce cas, l'impression produite par une action et une émotion communes pourra provoquer des effets émotionnels inconnus jusqu'alors. L'humanité aura ainsi l'occasion, lors de ces concerts, de prendre conscience du fait qu'elle forme un tout unique ; elle pourra, en quelque sorte, se regarder dans un miroir.

De même que l'orgue, en son temps, a pour une bonne part donné son visage à la musique de l'époque, le « concert mondial » deviendra peut-être un trait déterminant de la culture de la fin du XXe siècle et du début du XXIe siècle. Il sera un nouvel « instrument », engendré par le développement intense de la technologie et par le

.stagebill
FEBRUARY 1990

Monday Evening, February 26, 1990, at 8:00

CARNEGIE HALL Presents

VLADIMIR FELTSMAN

Pianist

SCHUBERT	Sonata in B flat major, Op. Posth. (D. 960) Molto moderato Andante sostenuto Scherzo: Allegro vivace con delicatezza Allegro ma non troppo
	Intermission
KARETNIKOV	Two Pieces, Op. 25 (United States Premiere)
LISZT	Sonata in B minor Lento assai—Allegro energico Andante sostenuto—Allegro energico Stretta quasi presto—Allegro moderato (played without pause)

Two Pieces, Op. 25

NIKOLAI KARETNIKOV

Born June 28, 1930, in Moscow

Nikolai Karetnikov studied at a special music school in Moscow, the Moscow Central Music School, and the Moscow Conservatory under the guidance of Prof. Shebalin. In the early '60s he was among the few composers in the Soviet Union to begin composing in a non-conservative style, making him one of the founders of "avant-garde" music in Russia. His works include five symphonies, two ballets, a concerto for winds, a string quartet, and two operas: *Till Yulenspiegel*, which will be premiered at the Kirov Theater in Lenningrad, and *A Mystery of St. Paul*; he has also written scores for 50 movies and 40 dramatic plays. One of his latest compositions is a collection of eight spiritual songs, *December Evenings*, dedicated to Boris Pasternak, performed during the Richter festival in Moscow. Mr. Karetnikov also wrote a book of essays.

Two Pieces, written in 1976, is composed in a strict dodecaphonic style. The first piece displays the material and serves as an introduction to the second, which follows without interruption. In the second piece, the same "theme" appears three times in an extremely slow tempo: twice "uphill," resulting in a climax, and once "downhill." In spite of its short duration, this work is written in a Webern-like time—the music holding within itself a tremendous energy. In the first piece, the main element is pauses—silence, which is a part of musical time, and the second gains a real tragic significance. This is the first time any of Mr. Karetnikov's compositions are being performed in the United States.

—Vladimir Feltsman

CarnegieHall

Programme du concert au *Carnegie Hall* où furent exécutées *Deux Pièces pour piano*, Op. 25 de Karetnikov, 26/02/1990, et texte, en hommage à Karetnikov, du pianiste Vladimir Feltsman.

besoin de résoudre des problèmes spirituels globaux. Bien sûr, des formes analogues pourront être trouvées dans les autres arts.

L'humanité est-elle prête à se regarder dans un « miroir » ? Je pense que oui, mais nous ne savons pas encore aujourd'hui ce que lui donnera ce nouveau canal d'information. On peut espérer qu'il servira le bien et non le mal. Je me permets d'affirmer a priori qu'il ne servira pas le mal. Mais il est impossible de deviner ce que donnera la communication entre d'énormes masses humaines : nous avons affaire en effet à un canal de communication radicalement nouveau, distinct du plus récent des arts de masse : le cinéma. Pour ce dernier, nous avons une communication du créateur avec les masses, alors qu'ici nous aurons une communication des masses avec les masses.

Le « concert mondial » est un défi aux citoyens de la planète, il est un défi aux créateurs. Quand on réfléchit aujourd'hui sur les possibilités qu'offre ce nouveau canal de communication, on s'interroge, tout naturellement, sur le rôle éthique de l'art. Ce qui m'intéresse, ce sont les perspectives de l'assimilation d'un nouveau canal par le « grand art ». L'art porte en lui des traits universels et il est, de ce fait, un des moyens de connaissance de l'Univers. Aujourd'hui, nous pouvons définir comme une tragédie le fait que des strates culturelles entières, des trésors ne sont utilisés, dans le meilleur des cas, qu'à dix pour cent : je pense au facteur quantitatif des auditoires qui profitent de cet héritage culturel. La plus grande part de ces trésors reste inconnue pour l'énorme majorité de l'humanité. Le grand art constitue aujourd'hui, me semble-t-il, une chose en soi. Aussi serait-il intéressant de pouvoir se représenter ce que seront les futurs auditoires se comptant en centaines de millions. Malheureusement, on ne peut pour l'instant rien dire de façon précise : nous n'en sommes qu'au stade des rêveries romantiques.

Cependant, quand on réfléchit aux possibilités du « miroir », on ne peut pas ne pas avoir conscience du danger que représenterait l'irruption dans ce nouveau canal de la culture de masse qui a déjà inondé le cinéma, la télévision et aujourd'hui la vidéo. Je ne sais pas s'il sera possible de l'éviter. Mais il faut essayer de le faire. Tout se déterminera dans la pratique. Ceux qui créeront ce nouveau moyen culturel porteront la responsabilité de l'effet que produira ce dernier sur l'humanité. Nous savons que la culture de masse contemporaine n'est pas un phénomène homogène et qu'elle peut révéler des valeurs opposées. On peut évoquer un exemple largement connu, le rock-opéra *Jésus super-star*, basé sur un des sujets les plus répandus de la culture occidentale : celui des Évangiles. Dans le domaine de la musique, des compositeurs comme Schütz, Bach et plus récemment Penderecki y ont eu recours. Leurs œuvres sont bien connues dans le monde musical, mais ils n'ont pas pu agir sur les très grands auditoires. Et voilà qu'on propose un pur enfant de la culture de masse, une Passion d'aujourd'hui, créée par de brillants professionnels. Mais si nous l'examinons de près, nous découvrons une vulgarisation caractéristique pour cette forme de culture : ils ont utilisé le plus haut sujet de l'histoire de l'humanité à leurs propres fins, purement commerciales. Comment est-il possible de parler d'une aventure amoureuse, même la plus chaste, entre Jésus et Marie-Madeleine ? On peut dire la même chose des procédés musicaux. La signification profonde du sujet est repoussée au second plan et l'arsenal éprouvé des procédés habituellement utilisés par les mass media donne au public la possibilité de « prendre son pied ».

Quand on pense à ce qui emplira le nouveau canal de communication, à ce qui sera exécuté sur ce nouvel instrument, on se dit que l'art continuera toujours à se poser et à résoudre les mêmes éternels problèmes. Mais si cela se passe comme le plus souvent aujourd'hui, c'est-à-dire au moyen des instruments de la culture de masse, on peut imaginer sans peine que l'on jettera le bébé avec l'eau du bain.

Ce nouvel instrument, capable de porter la musique à toute l'humanité, fait peser une énorme responsabilité sur les créateurs – nous l'avons déjà dit – car l'homme qui participera à cet acte acquerra le statut d'une personnalité capable d'influer sur le cours de l'Histoire. Et quand l'homme accomplit des actes historiques, il ne faut pas oublier que les actes historiques sont accomplis par des hommes concrets et qu'ils sont subis par des hommes concrets. Et il ne faut pas oublier non plus que les plus belles idées peuvent se transformer en leur opposé. Cette pensée, importante pour moi, a trouvé un reflet dans mon travail quand j'écrivais parallèlement un opéra sur Till Eulenspiegel et un Mystère sur les débuts du christianisme. C'était pour moi comme deux vases communicants séparés par une quinzaine de siècles. Cinq fragments musicaux, cinq chœurs sont passés, quasiment à la note près, d'une œuvre à l'autre : dans le Mystère, ils se chantent sur les paroles de l'Ancien Testament, alors que dans l'opéra ils se chantent sur les paroles d'un requiem catholique. Ainsi, les chœurs des premiers chrétiens se sont transformés en chœur de l'Inquisition. On peut en tirer la conclusion historique qui s'impose.

Si l'on pense que le rôle de l'art est d'assurer le « lien des temps », de faire découvrir aux hommes les parallèles historiques, on comprend qu'une telle création exigera des efforts particuliers et des hommes particuliers qui ne se contenteront pas de vouloir le faire mais qui seront capables de le faire. Ils apparaîtront d'eux-mêmes, nul besoin de les chercher, de les identifier dès aujourd'hui. Il faut, cependant, préparer le travail du nouvel « instrument » par de la publicité, au moyen d'annonces à la télévision et à la radio, par exemple.

Malheureusement, chaque fois qu'apparaît un art nouveau, surgissent des profiteurs qui cherchent à utiliser les nouvelles formes d'art à des fins personnelles et égoïstes. Ils sont prêts à vendre ces formes nouvelles, qui leur sont partiellement accessibles, comme ils tiendraient un étal sur un marché.

Quand on se tourne vers l'héritage culturel de l'humanité, on découvre toute une série de facteurs psychologiques, historiques et esthétiques qui nous font soudain

Page de titre de partition de l'opéra *Till Eulenspiegel*, Op. 26.
Eulenspiegel et le chien blessé, eau-forte de Félicien Rops.

comprendre que, malgré l'extraordinaire développement de la technologie, l'homme, lui, est resté inchangé dans son essence. Quand on lit Hésiode ou la poésie lyrique de l'Égypte ancienne ou encore ce qu'on appelle les épigrammes d'Homère, on s'aperçoit que leurs joies et leurs peines sont identiques aux joies et aux peines de nos contemporains. L'attitude à l'égard des détails change, mais les qualités humaines fondamentales s'assemblent, dirait-on, en un homme unique qui a existé de tout temps. Bach ou Shakespeare appartiennent à toutes les époques. Ces hommes sont des sortes de « relais-émetteurs » au moyen desquels l'humanité se révèle. Dante, Léonard de Vinci ou Dostoïevski possédaient, pourrait-on dire, un canal de liaison particulier avec l'océan d'énergie qui flotte au-dessus de nos têtes et ils recevaient et retransmettaient à l'humanité des renseignements universels sur l'Esprit et l'Univers.

Quand on tente de s'imaginer ce que sera la musique qu'on exécutera aux « concerts mondiaux », il ne faut pas oublier que la musique est l'art le plus abstrait de ces trois derniers siècles ; elle est, me semble-t-il, la manifestation suprême de l'activité spirituelle de l'humanité. Et si l'on cherche à deviner ce que percevront les masses humaines, d'une importance sans précédent, qui écouteront cette musique, il ne faut pas oublier les effets de foule, le plus souvent imprévisibles. Pour l'instant, on n'a pu observer ces effets qu'à l'occasion des concerts pop et rock devant d'énormes auditoires. Les réactions hystériques lors de ces concerts sont aisément explicables : elles sont, pour l'essentiel, dues à l'action qu'exercent les infrasons sur le système nerveux végétatif. La perception de la « grande musique » a principalement suivi un chemin individuel. Certes, les grands chefs-d'œuvre exercent tous un effet plus ou moins identique. Mais dans le cas présent, tout simplement parce que l'auditoire sera immense et peu préparé à l'écoute de la grande musique (et il ne faut pas oublier que les goûts changent lentement !), il est impossible de prévoir les résultats. Certes, l'effet de foule peut aider à trouver un chemin vers le

Affiche du festival *Stunde der Musik*, Weimar, 19/02/1981.

noble et l'élevé, mais nous ne disposons pas pour l'instant d'une réponse même approximative à ce problème. Et qui pourrait d'ailleurs aujourd'hui promettre des résultats immédiats ? Car il s'agit ici de quelque chose qui pourra pénétrer dans la noosphère en influant progressivement sur les esprits de gigantesques masses humaines.

Rappelons que peu de gens sont passés des adaptations de Bach pour le jazz à Bach lui-même, et il est donc difficile de croire que la grande musique sera aussitôt comprise par un auditoire aussi immense et diversifié.

L'écoute de la grande musique est un processus double : comme pendant sa création, on y trouve et la raison et l'intuition. Mais tout ce qui se rapporte à la « grande » musique se situe au-dessus de la ceinture. La grande musique s'adresse à l'activité spirituelle des hommes, alors qu'avec la culture de masse nous descendons le plus souvent en dessous de la ceinture. Je le répète donc encore une fois : il est difficile d'imaginer ce que donnera le facteur quantitatif du futur auditoire. Il est difficile, par exemple, de déterminer quel instrument se révélera convenable pour ce nouveau canal. Notre orchestre habituel, formé par des siècles d'histoire, reste toujours un moyen universel d'action sur les âmes des hommes. De puissants moyens de musique électronique sont apparus de nos jours et ceux qui le désirent ont la possibilité d'y recourir ; ce qui importe, c'est le résultat. Là aussi, il faudra procéder par essais. En effet, la pratique musicale a toujours choisi ses instruments, ses formes, ses façons de jouer. L'orchestre a pris sa forme actuelle au cours d'une histoire musicale de cinq siècles environ. Ainsi, la pratique orchestrale du XIXe siècle a rejeté la viole de gambe et maintenant il faut former spécialement des instrumentistes qui jouent de la musique ancienne. Le saxophone, lui, a été inclus dans les orchestres dans la deuxième moitié du XIXe siècle. Le XXe siècle a connu un développement extraordinaire des instruments à percussion...

La question suivante se pose d'elle-même : quel est le grand maître du passé qui saura entrer en communication avec un auditoire planétaire au moyen du nouveau canal de communication ? Le premier nom auquel on pense tout naturellement est celui de Beethoven et pas seulement à cause de son *Hymne à la joie :* il a écrit sufffisamment d'œuvres qui s'adressent à l'humanité toute entière ; en fin de compte, presque toutes ses symphonies sont tout à fait déclaratives de ce point de vue. Mais peut-être que ce compositeur pourrait être Haydn : il a

Wolfgang Amadeus Mozart (1756–1791)	Sonate G-Dur KV 379 für Klavier und Violine Adagio Allegro Andantino cantabile (Thema mit sechs Variationen)
Edvard Grieg (1843–1907)	Sonate c-Moll op. 45 Allegro molto ed appassionato Allegretto espressiva alla Romanza Allegro animato
Anton Webern (1883–1945)	Vier Stücke op. 7 für Violine und Klavier Sehr langsam Rasch Sehr langsam Bewegt
Nikolai N. Karetnikow (geb. 1930)	Sonate op. 16 für Violine und Klavier Adagio Molto vivo

Programme du festival *Stunde der Musik.*

écrit des œuvres d'une étonnante profondeur et d'une grande clarté spirituelle. C'est ce qu'on peut dire d'ailleurs de n'importe lequel des grands Viennois : de mon point de vue l'École de Vienne est ce que la musique a atteint de plus élevé, elle est un phénomène parfaitement unique dans l'histoire des arts.

Elle constitue une sorte de succession de relais qui prend sa source dans Bach (où l'École de Vienne a pris l'essentiel) et continue avec Haydn, Mozart, Beethoven, Schubert, Brahms, Wagner, Mahler, Schönberg, Berg, Webern. On peut se la représenter sous la forme d'un seul musicien génial d'une longévité exceptionnelle, qui serait né sous le nom de Haydn et serait décédé sous le nom de Schoenberg, on peut se la représenter comme une élévation constante, une ligne ininterrompue s'élevant vers un niveau de conscience exceptionnelle.

Une telle ascension est incroyablement difficile, mais y a-t-il une tâche plus digne pour ceux qui prendront entre leurs mains un instrument aussi terrible que le sera le « concert universel », pour ceux qui voudront relever le défi de leur temps ? Pythagore affirme que celui qui crée la musique retransmet la musique des sphères. Alors, *per aspera ad astra !*

МОСКОВСКАЯ ОРДЕНА ТРУДОВОГО
КРАСНОГО ЗНАМЕНИ
ГОСУДАРСТВЕННАЯ ФИЛАРМОНИЯ

БОЛЬШОЙ ЗАЛ КОНСЕРВАТОРИИ

Лауреат международных конкурсов

Олег КАГАН

Партия фортепьяно —

Владимир СКАНАВИ

Абонемент № 27
Воскресенье, 18 января
Сезон 1980—1981 гг.

I отделение

МОЦАРТ (1756—1791) — Соната для скрипки и фортепьяно соль мажор (K-301)
Allegro con spirito
Allegro

ГРИГ (1843—1907) — Соната для скрипки и фортепьяно до минор, соч. 45
Allegro molto ed appassionato
Allegretto espressivo alla Romanza
Allegro animato

II отделение

ВЕБЕРН (1883—1945) — Четыре пьесы для скрипки и фортепьяно, соч. 7
Sehr langsam
Rasch
Sehr langsam
Bewegt

Н. КАРЕТНИКОВ (1930) — Соната для скрипки и фортепьяно, соч. 16
Adagio
Molto vivo

ШИМАНОВСКИЙ (1882—1937) — Миф «Нарцисс», соч. 30 № 2
«Три каприса Паганини», соч. 40

Programme du concert,18/01/1981, dans la grande salle du Conservatoire: Mozart, Grieg, Webern, Karetnikov.

L'automne : au bout du chemin on aperçoit l'héroïne, magnifique et étrange, du chef d'œuvre de Sergueï Paradjanov, *Soyat Nova*.

Sergueï Paradjanov.

...sur la musique de film

A partir de 1961 et jusqu'au début de la Perestroïka, j'ai été totalement privé de faire exécuter mes œuvres en Union soviétique. Pendant plus de vingt-cinq ans, mon unique moyen d'existence a été de composer de la musique de film et de la musique de scène. Cinquante films de fiction et quarante spectacles ne m'ont pas seulement donné la possibilité de vivre et d'écrire par ailleurs de la musique « pure », mais ils m'ont également permis de ne pas interrompre mon travail avec l'orchestre. Je pus ainsi vérifier dans la pratique certaines de mes considérations expérimentales.

Ce genre de travail diffère de manière radicale du travail pour la musique « sérieuse », et l'on peut dire que j'ai acquis une deuxième spécialité. C'est pour cette raison que j'ai éprouvé le désir d'en parler. Bien entendu, pour étayer mes raisonnements je me fonderai principalement sur mon expérience du cinéma soviétique, celui que je connais le mieux.

Aujourd'hui encore, on trouve, dans la musique de film, la reproduction mécanique de schémas mis au point depuis longtemps et, malheureusement, cela concerne aussi de très bons films à tous les autres points de vue. On connaît plusieurs types d'utilisation de la musique dans les films : les procédés hérités de l'opéra que l'on trouve dans les films des années 1930, la musique illustrative qui est la plus couramment utilisée dans les films de toutes les époques depuis l'apparition du cinéma parlant. On peut dire de ce type de musique qu'elle prospère toujours et qu'elle sauve des armées de cinéastes d'un échec complet ou d'un demi-échec. La fonction que l'on confie à la musique est extrêmement simple : si mauvais que soit le jeu de l'acteur, si mauvaise que soit la mise en scène, la musique doit fournir une sorte de substitution, d'ersatz de ce qu'auraient dû donner au spectateur le jeu de l'acteur et la mise en scène du cinéaste. Ce remplissage du vide du film se fait de la façon la plus directe ; il n'est pas question alors d'un second plan ou d'un contre-point. Et quand le plan visuel devient parfaitement misérable, alors la musique d'accompagnement crée l'apparence d'un sens ou d'une émotion, elle ne sert plus qu'à emplir l'espace temporel.

Mais, grâce aux efforts de quelques hommes pleins de talent, est en train de se former une nouvelle forme d'utilisation de la musique en tant qu'élément indépendant et profondément expressif du « modèle » cinématographique. Il ne s'agit même plus d'un contre-point (ce qui a déjà été fait dans le passé), mais d'un développement autonome des images musicales, porteuses de la pensée de l'auteur du film.

Au cours de la dernière décennie, la musique dans les *bons* films occupe moins de place, mais son rôle devient de plus en plus important. Quand la conception globale du metteur en scène est riche d'un grand nombre d'idées et d'émotions, quand elle utilise une grande variété de moyens pour les exprimer, les exigences à l'égard de la musique deviennent plus puissantes. Elle doit devenir plus humaine et plus intime, elle cesse d'être l'expression d'un point de vue historique global pour devenir celui de l'individualité de l'auteur, elle exprime sa compréhension du monde, son interprétation du matériau.

Je pense que pour un compositeur travaillant pour le cinéma, la notion de « dramaturgie musicale » est très concrète : il s'agit pour lui de trouver un fil conducteur musical qui unit, en traversant toute l'œuvre, toute la musique, toutes les variations et toutes les caractéristiques du thème. Ce fil peut consister en une mélodie développée, en une brève phrase, en un « bruit » musical ou encore en quelques accords. Quand le metteur en scène et le compositeur suivent avec suffisamment de soin, de finesse et de prudence le développement de ce thème principal, on peut dire que la dramaturgie musicale existe (je n'aborde pas ici, volontairement, les autres éléments de la bande sonore du film dans leurs rapports avec la musique, en particulier les bruitages, car cela constitue un problème à part qui possède un aspect technique : celui du tandem « ingénieur du son-compositeur »).

Il va de soi que la vie du cinéma est si variée que l'on peut trouver les constructions ou les collages les plus inattendus, des sortes de « patchwork ». Dans ces cas-là, il n'est possible de parler d'une *conception* musicale « en patchwork » que si ce dernier sert à exprimer l'idée de départ du cinéaste, sinon nous n'avons qu'un assemblage illustratif de morceaux musicaux disparates. Un éclectisme conscient peut être la conséquence du genre ou de la dramaturgie de l'ensemble, de la conception générale de la mise en scène. L'unicité du langage de tous les fragments musicaux du film, leur communauté stylistique doivent être l'objet d'une mise en place initiale ; le plus souvent, elles sont déterminées par la personnalité du compositeur.

Le respect d'un style unique pour la musique et le film ne me paraît pas toujours indispensable, mais, quand il l'est réellement, il faut que le cinéaste précise clairement cette unité.

Au cours de l'étape initiale du travail, il convient d'établir le degré de dépendance qui doit exister entre les représentations visuelles et la musique, ainsi que les liens internes qui doivent s'établir entre elles. Ces liens peuvent être directs, déterminés par l'époque, par les genres musicaux propres à l'époque représentée dans le film. Nous avons des formes musicales pour le XIXe siècle, d'autres pour le début du XXe, d'autres encore pour les années 1930, etc. De là les genres dominants : pour le XIXe siècle on aura souvent recours à la valse, pour les années 1920 au tango, pour les années 1940 au boogie-woogie, pour les années 1950 au rock. Dans ces cas-là, la réalité historique du film est comme attestée par le genre musical.

Mais une telle confirmation n'apparaît pas comme nécessaire et importante pour tous les metteurs en scène. On peut par exemple citer Fellini. C'est un homme de cirque, ses films sont pleins de numéros de cirque manifestes ou cachés, ou à demi-cachés ou encore complètement secrets. Il devient rarement parfaitement sérieux et « noir ». Pour lui, le cirque est une certaine forme d'exis-

Dessin de Fellini pour son film *Les Clowns*.

tence, depuis toujours propre à l'humanité. C'est en cela que son regard sur le monde est unique, lié à sa biographie. Bon nombre de ses films sont des moments de sa biographie qu'il reproduit avec une constance certaine. L'élément « clownesque » est perceptible dans toutes les composantes de ses films. Le cirque est toujours présent à l'arrière-plan de sa musique, qui réunit réel et imaginaire, concret et fantastique. La musique de cirque (marches, galops, parodies) accompagne ses films, elle en est un élément constitutif et elle est un aveu important de la part de l'auteur. C'est pour cette raison que pour Fellini le temps historique objectif est moins important que sa confession personnelle de créateur.

Le travail avec chaque cinéaste a ses particularités. Quand j'ai écrit la musique pour le film *Les Premiers Russes* (il a été tourné en 1966 et il n'est toujours pas autorisé) j'ai fait la connaissance de Schiffers, qui m'a proposé une tâche tout à fait originale, une sorte de jeu. Au nom de ce jeu on supprimait des répliques et des bruits ; on accordait une attention particulière à tous les éléments sonores : si l'on prenait, par exemple, un bruit, alors on choisissait le plus caractéristique, celui qui jouait un rôle dans l'action et qui paraissait complètement nouveau (les autres bruits, les bruits courants étaient tout simplement éliminés). Le bruit choisi était fortement amplifié : ainsi, par exemple, le grincement d'une porte devenait pour le moins celui d'un gigantesque portail dans un château fort (il faut tenir compte du fait que ce film a été tourné quinze ans avant *Mon ami Ivan Lapchine* d'Alexeï Guerman). Pour une telle conception de la bande-son, la musique devait remplir des fonctions tout à fait particulières. Un exemple : on voit un cavalier et il faut que la musique transmette vigilance, tension, imminence de l'action ; mais la musique doit également transmettre le galop de la monture car le bruitage des sabots du cheval est volontairement exclu de la bande-son. Et il en était ainsi tout le long du film. Les différents « chapitres » du film avaient chacun sa couleur : le chapitre bleu, le chapitre noir, le chapitre rouge, etc. Le rapport entre la

Alexeï Guerman.

musique et la couleur était dicté par des tâches diversifiées : le chapitre funèbre noir et blanc était accompagné par une marche funèbre ; par contre, le chapitre bleu, dont la signification générale était une condamnation irrémédiable, devait être accompagné par une musique porteuse d'espoir. Ce thème devait également passer dans le final du film. La musique composait, en même temps que le travail du décorateur, de l'opérateur et des acteurs, un style fondé sur la convention et signifié par un système sémiotique.

Le modèle du film peut se former au niveau du monde intérieur de l'homme et dans ce cas on a recours à un type de moyens ; si ce modèle est défini par des circonstances extérieures, les moyens utilisés doivent être tout autres. Dans *Les Premiers Russes,* on n'incarnait pas ce que pensaient et sentaient les hommes dont il était question sur l'écran, mais ce que pensait et sentait le metteur en scène à propos de ce qui se passait.

En fait, il est difficile de définir comment on trouve l'unité du film et le fil conducteur à suivre. Il y a un moment magique où, grâce aux impulsions qui vous proviennent de l'écran, vous commencez à sentir quelle musique peut trouver sa place et comment il faut la construire. Le dernier mot appartient à l'intuition.

Parfois le metteur en scène se lance dans des explications aussi longues que passionnées pour dire ce qu'il attend de la musique et, à partir de ces explications, on parvient à comprendre ce qu'il s'imagine, de façon le plus souvent fort fumeuse, et ce qu'il attend de la musique. C'est ce qui se passa, par exemple, lors du tournage de *La Légende de Till.* Les deux metteurs en scène (Alov et Naoumov) exigèrent de la musique qu'elle soit simple, populaire, archaïque, semblable à du Bach et capable de devenir un tube. On aurait peut-être pu réunir deux de ces traits mais en aucun cas trois d'entre eux, sans parler des cinq à la fois. Ce n'est que progressivement que je compris ce que voulaient Alov et Naoumov. Il leur fallait ce qui était devenu à la mode à l'époque du tournage de *Till* (dans les années 1970), c'est-à-dire du Vivaldi et du XVIIIe siècle italien. De là naquit un violent conflit entre les metteurs en scène et moi. Peut-être que

Alexandre Alov et Vladimir Naoumov.

s'il s'était agi d'un autre film, qui aurait parlé de choses plus simples et plus proches de notre époque, il n'y aurait pas eu de drame, mais il s'agissait de porter à l'écran une œuvre très connue, une œuvre que j'aimais beaucoup et sur laquelle je voulais travailler en dehors du cinéma. J'avais donc mon propre point de vue, ma conception psychologique et musicale.

Quand j'avais travaillé avec les mêmes cinéastes à *La Fuite,* il y avait eu une longue période de « rodage », car il s'agissait là aussi de porter à l'écran un classique (Boulgakov) mais nous étions parvenus à élaborer une position commune et à résoudre peu à peu le conflit qui nous opposait. Par contre, pour ce qui est de *Till,* la situation conflictuelle dura tout le long du tournage. Mais il n'est pas exclu que le résultat final ait été obtenu, justement, grâce à ce conflit. Rien de ce que proposaient Alov et Naoumov ne correspondait à ma vision de l'œuvre : ni le personnage central, ni la forme narrative choisie où on insistait sur les intonations sombres et oppressantes et où l'on gommait le côté burlesque et carnavalesque du livre de Charles de Coster. La mort triomphait tout le long du film, or la musique est incapable d'affirmer un principe négatif : de par sa nature elle affirme la vie.

Le choix du style musical me semblait erroné. Il s'agissait du XVIIIe siècle, certes, mais le nom qui lui est lié est d'abord celui de Bach et non celui de Vivaldi ou de Torelli et de tous ces charmants Italiens qui devenaient si populaires en ce temps-là.

Je comprenais que ce genre de rapports entre le metteur en scène et le compositeur était dangereux pour le film et pouvait se solder par un résultat très négatif, mais je ne pouvais rien y faire et ne pouvais me mettre au garde-à-vous, le petit doigt sur la couture du pantalon. *Till* fut notre dernière collaboration.

En partant de l'histoire de mon travail dans *Till,* il me semble possible d'aborder rapidement l'évolution des modes dans la musique de film pendant la période que j'ai connue.

Au départ, dans la musique de film, régnait une

musique illustrative, héritée de l'accompagnateur du cinéma muet. Je ne parle pas ici des rares exceptions du travail de quelques cinéastes de talent mais de la grande production moyenne. Dans les années 1940-1950, commence le règne d'un Rachmaninov extrêmement dilué et « hollywoodisé », ce qui constituait un pas en avant dans la musique d'illustration (par bonheur, au cours de cette période, le néo-réalisme italien avait recours à la musique populaire de son pays). L'engouement pour Bach commença, tant en URSS qu'à l'étranger, dans les années 1960. Les metteurs en scène cherchaient à confirmer la profondeur et le sérieux de leur récit et pour ce faire utilisaient Bach. Bach, grâce à son extraordinaire universalisme, se révéla convenir aux films les plus différents, aussi bien chez nous que dans les autres pays. Même quand le compositeur n'avait pas pour but d'écrire une musique dans le style de Bach, on entendait s'y glisser parfois des ornements à la Bach. La musique de Bach peut prendre sur elle n'importe quel rôle pour une raison fort simple qu'aucune autre musique au cours de toute l'histoire n'a pu l'atteindre : Bach ne s'intéresse pas au résultat final, il n'est pas préoccupé de savoir si sa musique plaira ou non et d'ailleurs il ne se préoccupe pas particulièrement de son auditeur. Il ne pense qu'à la musique et cette dernière donne une image universelle de l'esprit et du monde. C'est pour cette raison que sa musique s'intègre si organiquement dans la structure de n'importe quel film de n'importe quel cinéaste, quel que soit son talent, même dans des situations douteuses. Il arrivait parfois qu'elle provoque des effets comiques inattendus.

Puis vint la période du *beat* dont l'utilisation devint générale. Elle commença par un renforcement brutal des basses chez Bach, ensuite on put se passer de Bach et il ne resta plus que les basses.

La *beat* musique fut remplacée par la musique du XVIIIe siècle. Dans les années 1970, les compositeurs italiens, qui ont précédé de peu Bach, tombèrent à pic et devinrent parfaitement indispensables pour le cinéma. Il n'y avait pas, au XVIIIe siècle, de frontière aussi nette qu'aujourd'hui entre musique « légère » et musique « sérieuse ». Et l'on peut dire que ces compositeurs italiens écrivaient, quels que soient leur talent et leur charme, une musique « allégée » pour leur époque. Ce n'est donc pas un hasard si les metteurs en scène, quelque peu lassés de Bach, se tournèrent vers une variante allégée de cette même musique sérieuse, avec des formes plus simples et plus accessibles.

La musique « à la Vivaldi » inonda les écrans et mes confrères compositeurs se lamentaient : un premier metteur en scène voulait à tout prix que la musique ressemblât à du Vivaldi, quant à l'autre il ordonnait purement et simplement d'adapter des phrases de Vivaldi aux besoins du film. Pendant le tournage de *Till,* mes deux metteurs en scène ne prononcèrent pas le nom de Vivaldi, mais il apparut peu à peu, de manière déductive, que c'était bien de lui qu'ils avaient besoin.

A la fin des années 1970, commença l'ère du rock, cette huile commerciale qui est venue avec le rock-opéra et qui, aujourd'hui, lubrifie si abondamment l'irruption de la culture de masse dans le domaine de l'art.

On assiste maintenant à l'apparition de la mode du piano solo. Cela m'a été demandé à trois reprises au cours de ces dernières années et j'ai essayé, comme j'ai pu, de l'éviter. Il est probable que cet intérêt pour le piano vient d'une réaction de rejet à l'encontre de l'accompagnement rock, massif et rapidement lassant. Ce qui est étonnant, c'est que cette réaction soit venue si vite.

Voilà, sous une forme très simplifiée, quel est, selon moi, le système des rapports entre le cinéma et sa composante musicale, la succession des modes où l'on peut découvrir les besoins immédiats du cinéma, ses limites, ses aspirations, inspirées par l'époque.

Quand on travaille sur un film épique, on n'a peut-être pas besoin d'un monothématisme aussi rigoureux que celui qui me paraît souhaitable dans le drame psychologique et que j'ai évoqué plus haut. Pour ce dernier, ce qui convient le plus souvent est une musique de chambre : orchestre restreint ou petit ensemble, instruments jouant en solo, enregistrement intimiste. Tout doit contribuer à ce que l'attention du spectateur se concentre sur le travail intérieur de l'âme.

Dans les films d'Antonioni, les fragments musicaux sont brefs et expressifs, mais ils ne sont pas indépendants, ils ne se suffisent pas à eux-mêmes. D'ailleurs, ce n'est souvent pas de la musique mais une sorte de musique des bruits qui exprime l'enfer régnant dans les âmes de ses héros. C'est toujours le monde de la solitude. D'où la nécessité d'instruments solos, d'orchestre de chambre et parfois de sonorités complexes. Quand un homme se trouve dans des situations extrêmes, il se produit dans sa conscience des processus qui ne peuvent être exprimés par les moyens habituels et faciles.

Pour moi, le travail sur la musique d'un film commence par une esquisse sur deux lignes. Quand je la note, je sais déjà quelle en sera l'instrumentation car, habituellement, j'entends le timbre avant même le matériau thématique. Le caractère et le contenu de la phrase sont, dans une grande mesure, déterminés par l'instrument qui la jouera. L'orchestration détaillée et définitive constitue pour moi l'avant-dernière étape de mon travail, car la dernière étape est l'enregistrement de la musique par l'orchestre. Ici, surgit également une difficulté fort curieuse : le metteur en scène est à ce point habitué à entendre la musique du film au piano qu'il reçoit la sonorité de l'orchestre comme quelque chose d'étranger à la musique qu'il connaît, et il est parfois très difficile de venir à bout de ce sentiment.

Sans craindre de me répéter, je dirai que la musique dans le cinéma d'aujourd'hui doit être avant tout porteuse de sens : elle doit travailler pour l'idée centrale du film. Certes, cette idée est également exprimée par le sujet, les dialogues, le jeu des acteurs et, en la soulignant au moyen de la musique, on risque d'aboutir à un résultat peu souhaitable : de beurrer du beurre. Mais, d'autre part, une idée *profonde* a besoin d'être exprimée par différents moyens pour qu'on puisse la percevoir dans toute sa complexité, justement comme une idée *profonde.* Le cinéma a de nombreuses possibilités pour que tous ces éléments constitutifs servent à exprimer sans redondance une telle idée. Or, la musique est la composante qui s'adresse aux âmes des spectateurs par la voie la plus courte et la plus rapide.

Les chansons dans les films ont, selon moi, un caractère « simplificateur » et apparaissent souvent comme des « numéros » rajoutés, qui rabâchent une idée déjà parfaitement claire du film et qui recouvrent le film d'un vernis commercial. Elles appartiennent toujours, selon moi, à la culture de masse.

Nous assistons aujourd'hui à un processus de mutation interne du cinéma. Il s'affirme de plus en plus souvent comme un art égal aux autres, à ceux qui existaient avant son apparition. On peut penser que c'est devenu possible parce qu'il a élaboré avec le temps son propre langage, en digérant les langages des autres arts qu'il a absorbés en son sein. Les films de certains – trop rares – cinéastes nous ouvrent des perspectives surprenantes. Je pense en premier lieu aux œuvres d'Otar Iosseliani. Il s'écarte volontairement d'un traitement du sujet et il lui arrive même de ne plus laisser subsister ne serait-ce que des fragments d'histoire, et l'on s'aperçoit alors qu'il n'y en a nul besoin. L'existence est perçue comme des lignes fragmentaires qui se développent parallèlement et qui semblent ne pas être soumises à la volonté du metteur en scène. Il se forme alors une *mimésis* d'un niveau supérieur, c'est-à-dire ce vers quoi tend l'art du cinéma. Et c'est, de manière générale, me semble-t-il, le principe supérieur de tout art. Je serais tenté de définir ce principe de création des formes comme le principe de la « ligne de berge ». On peut trouver une analogie à ce type de création de formes dans la musique, et avant tout chez Bach, Wagner et Mahler. Quant au cinéma, il est proche des découvertes de Marcel Proust dans la littérature. Proust reproduit de façon apparemment capricieuse et spontanée, mais en fait avec une rare logique, les processus de la pensée, de l'intuition, de la vie même. Il me semble que toute la grande musique se forme selon le principe de la « ligne de berge », malgré toute l'évidence complexe et parfois secrète de son cours du début à la fin. La direction et la puissance du cours, définies par la force fondamentale de la masse, restent essentielles et intangibles, mais la façon dont le cours se révèle, s'exprime, dont il vit, apparaît justement au contact du cours de l'eau et de la berge (or la terre ferme est par nature statique) dans les caprices de la ligne de berge. Cette dernière crée l'impression d'un hasard, mais, en fait, elle est définie dans sa ligne générale par les grandes forces en œuvre et leurs vecteurs. Dans l'art, cela apparaît clairement et nettement comme un sytème particulier de l'auteur. Ce système existe dans tous les films de Iosseliani tournés en Union soviétique. C'est un sommet d'une absence d'art apparente qui crée l'impression du plus haut des arts. Ici, le travail sur la musique devient tout autre, car Iosseliani travaille avec la musique comme avec tous les autres éléments du film. Je suis incapable, dans les films de Iosseliani, de dégager le travail du compositeur, je vois le travail de Iosseliani et uniquement de Iosseliani. Mais on pourrait en dire autant des films de Fellini, où le travail du compositeur me semblait être l'œuvre de Fellini lui-même.

Il est curieux de noter que dans l'extraordinaire film de Paradjanov *La Couleur de la grenade* qui, par sa dramaturgie et par son montage se développe selon ce principe de la « ligne de berge », la musique, elle, n'y obéit absolument pas ; elle est traditionnellement illustrative, ce qui frappe comme une faiblesse manifeste dans une œuvre d'une si grande poésie et d'une si grande unité. Manifestement, le metteur en scène n'avait pas pensé l'introduction de la musique dans son film de façon aussi profonde qu'il avait pensé tous les autres éléments.

Si vexant que cela soit pour toutes les personnes qui participent à la création d'un film, le compositeur compris, c'est bien le metteur en scène avec sa vision du monde, son individualité qui tient le rôle principal dans ce processus. Le metteur en scène est le point où se rencontrent toutes les lignes de force, où s'unissent toutes les volontés et tous les talents qui collaborent au film. (Beaucoup de choses dépendent du degré de préparation du cinéaste à son travail ! Je me souviens avoir vu arriver à la section musicale des studios Mosfilm en 1965 un metteur en scène, jeune mais ayant déjà une certaine expérience, qui demanda que la musique de son futur film soit confiée à... Prokofiev !) Le cinéma, bien plus que le théâtre, est l'art d'un homme unique. Au cinéma, le compositeur joue un rôle subalterne ; telles sont – hélas – les règles du jeu. Je connais même le cas où un compositeur a fait preuve d'une grande puissance lors de sa collaboration avec un seul et unique cinéaste (un des plus grands, il est vrai) et n'a plus rien donné avec tous les autres (qui ont été fort nombreux).

Le compositeur peut, néanmoins, apporter à l'idée initiale du metteur en scène et son goût et son intelligence. Il peut trouver le moyen, grâce aux possibilités que seule possède la musique, de renforcer l'impression que produit le film sur ses spectateurs. Quand le metteur en scène et le compositeur réfléchissent dans la même direction et dans le même registre, leur collaboration devient organique et heureuse ; l'on peut s'attendre alors qu'elle donne un grand résultat.

Nikolay Karetnikov.

1983-1990

Karetnikov en 1973
avec Semion Lounguine,
auteur du texte
et du livret d'opéra
Mystère de l'Apôtre Paul.

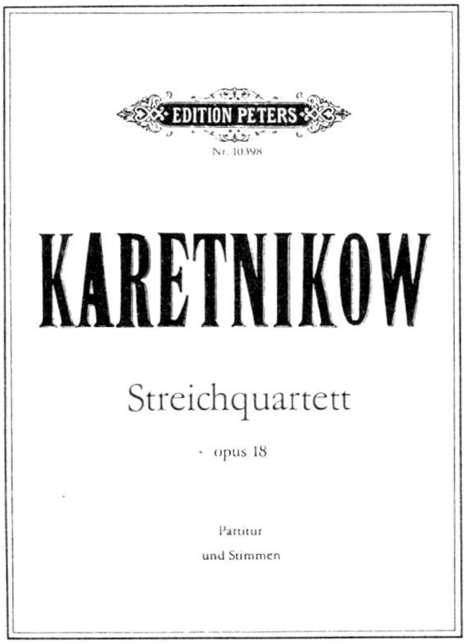

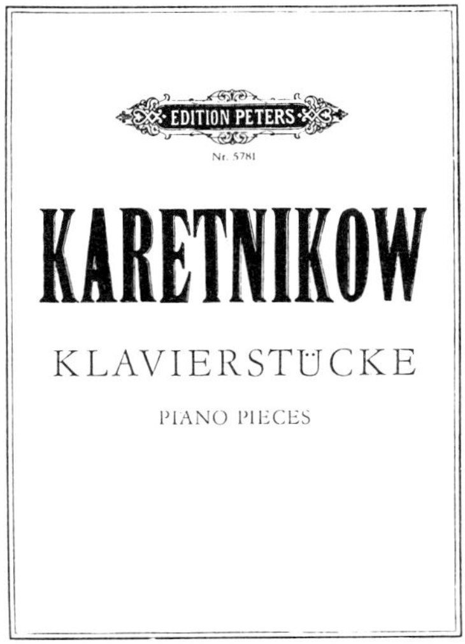

Couvertures des partitions du *Quartet pour instruments à cordes* et des *Pièces pour piano* de Karetnikov. Editions Peters, Leipzig.

Oeuvres de Nikolaï Karetnikov

Aux Editions Peters (Leipzig).

1984 - Quatuor pour instruments à cordes en quatre mouvements.
Ainsi que toutes les oeuvres pour piano forte.

Aux Editions Compositeur Soviétique :

1974 - Troisième Symphonie,
1982 - Quatrième Symphonie
1983 - Sonate pour violon et piano.
1985 - Quartet pour deux violons et violoncelle.

Musique instrumentale et symphonique :

1959 - Troisième Symphonie, en trois mouvements, opus 10,
1963 - Quatrième Symphonie, en cinq mouvements, opus 17.
1965 - Concerto pour Trente-Deux Instruments à Vent, opus 19.
1968 - Symphonie pour Orchestre de Chambre,
en deux mouvements, opus 21.

Musique de ballet :

1961 - Vanina Vanini, livret de N. Kassatkina et V. Vassiliov,
d'après la nouvelle de Stendhal, opus 13.
Représenté au Bolchoï en 1962. (Editions Mouzyka 1974).
1962 - Géologues, représenté au Bolchoï en 1963.

1967 - Le Petit Zachée, livret de N. Kassatkina et V. Vassiliov, d'après le conte de E.T.A. Hoffmann, opus 20.
Opernhaus Hanovre 1970, dirigé par Hans Herbert Yöris, chorégraphie d'Yvonne Georgi.
Ballet Classique de Moscou, 1983.

Musique d'opéra :

1982 - Till Eulenspiegel, opéra en deux actes, livret de Pavel Lounguine et Nikolaï Karetnikov, d'après le roman de Charles de Costers.

1986 - Mystère de l'Apôtre Paul, livret de Semion Lounguine.

Musique vocale :

1969 - Cinq Chants Religieux pour choeur d'hommes et choeur mixte, opus 24.

1987 - Petite Sérénade Nocturne.

1988 - Huit Chants Religieux à la mémoire de Boris Pasternak.

N. Karetnikov est l'auteur de la musique de plus de soixante films et de plus de quarante spectacles dramatiques. Depuis 1963, lorsque l'on a interdit les ballets au Bolchoï jusqu'en 1985, on n'a joué qu'une seule fois la musique de Karetnikov en public (Symphonie pour Orchestre de Chambre).

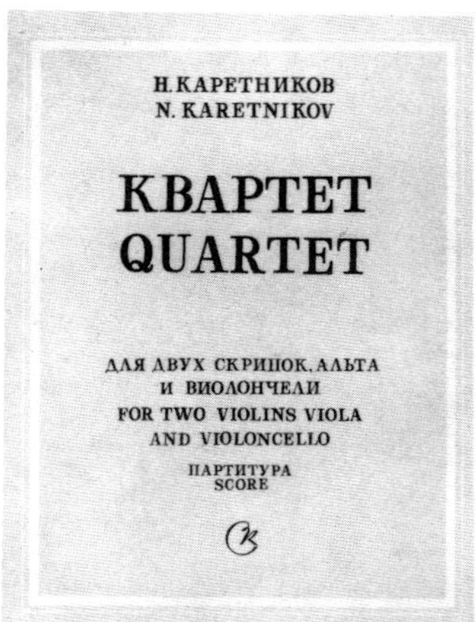

Couvertures des partitions du *Quartet pour instruments à cordes* et de la *Sonate pour violon et piano*, éditées en 1983 et 1985 aux éditions Compositeur Soviétique.

Notes de l'auteur et du traducteur

(celles du traducteur sont en italique)

1. *D. Kharms, poète, membre du groupe des « Obérioutes », maître de l'absurde. Il meurt en détention en 1942.*
2. *Film d'Alov et Naoumov, d'après le livre de Charles de Coster.*
3. *Film d'Alov et Naoumov, d'après la pièce de M. Boulgakov du même nom et son roman* La Garde blanche.
4. *Komsomol, Union des jeunesses communistes.*
5. *A. Kim, écrivain soviétique contemporain, auteur de romans dont l'*Écureuil *récemment traduit en français.*
6. M. Youdina, pianiste russe célèbre ; V. Chebaline, compositeur et professeur de composition au Conservatoire, directeur du Conservatoire de Moscou jusqu'en 1948 ; H. Neuhaus, grand pianiste russe, ayant formé pratiquement toute l'école russe de piano ; A. Galitch, dramaturge et chanteur compositeur, obligé de quitter l'URSS pour ses prises de position politiques en 1974, il meurt accidentellement en 1977, à Paris ; Ya. Zeldovitch, physicien, membre de l'Académie des sciences ; A. Gabritchevski, théoricien et historien de l'art, une grande partie de ses travaux, portant sur presque tous les domaines de l'art, est restée inédite, il fut un grand ami de H. Neuhaus.
7. *M. Chtcherbatov (1733-1790), écrivain et historien russe.*
8. *Compositeurs connus qui n'ont pas été joués pendant une longue période en URSS pour leur « modernisme ».*
9. *F. Chaliapine (1873-1938), une des plus grandes voix de basse de l'histoire de l'opéra.*
10. *Koktebel, petit village au bord de la mer Noire, en Crimée, où de nombreux intellectuels avaient une maison ; la plus connue est la maison de Volochine.*
11. M. Volochine, poète, peintre et essayiste russe du début du siècle.
12. *A. Tolstoï (1883-1945), écrivain russe connu.*
13. *Ossoviakhim, Association d'aide à la défense et à la construction aéronautique (1927-1948).*
14. S. Korolev, responsable du programme soviétique de conquête de l'espace. E. Rauchenbakh, auteur du projet de la photographie de la face cachée de la Lune, effectue actuellement des recherches sur l'art russe ancien.
15. Célèbre sentence du metteur en scène K. Stanislavski.
16. *M.Kh.A.T. Théâtre d'art de Moscou, fondé en 1898 par K. Stanislavski et V. Nemirovitch-Dantchenko.*
17. *Célèbre toile de V. Vasnetsov (1848-1926).*
18. *Voir note 6.*
19. I. Pyriev et A. Stolper, réalisateurs, M. Bleiman scénariste.

20. Résolution du Comité central du 10-2-1948 qui condamnait le « formalisme » en musique et qui était dirigée avant tout contre S. Prokofiev et D. Chostakovitch.

21. A. Pakhmoutova, auteur de chansons soviétiques imposées pendant de longues années par les « instances dirigeantes » ; élève de V. Chebaline.

22. *La fin des années 1940 fut également l'époque de la lutte contre le « cosmopolitisme » et l'influence étrangère.*

23. I. Ilf, écrivain satirique connu, auteur en commun avec E. Petrov, des *Douze Chaises* et *du Veau d'or.*

24. N. Emmanuel ; physicien, membre de l'Académie des sciences.

25. N. Semionov ; physicien, lauréat du Prix Nobel.

26. *D. Kabalevski, compositeur connu, dirigeant de l'Union des compositeurs.*

27. N. Podgorny, acteur du théâtre Maly à Moscou.

28. S. Feinberg, pianiste et professeur au Conservatoire. Il était considéré comme le principal interprète de J.-S. Bach en URSS.

29. M. Maroutaïev, compositeur et « théoricien » (ce qui explique la question ironique de Feinberg à son sujet).

30. V. Kryoukov, compositeur, dirigeant de l'Union des compositeurs au cours des années soixante.

31. *Peredelkino, village des environs de Moscou, loti en datchas pour des écrivains.*

32. *I. Zverev, auteur d'essais et de pièces de théâtre.*

33. *K. Paoustovski, prosateur connu.*

34. V. Livanov, acteur du M.Kh.A.T.

35. L. Kopelev, écrivain, traducteur, spécialiste de littérature allemande, ami de Soljenitsyne, a émigré en 1980 pour l'Allemagne.

36. V. Asmus, philosophe et psychologue, ami de B. Pasternak.

37. *M. Zochtchenko, écrivain satirique très populaire, violemment critiqué sous Staline, mort en 1958.*

38. Il s'agit du peintre Ilia Glazounov.

39. *A. Vertinski (1889-1957), auteur de chansons sentimentales, très populaire en Russie, émigré entre 1949 et 1953.*

40. A. Juraïtis, chef de l'orchestre du Bolchoï.

41. Phrase prononcée par Staline à propos du poème en prose *La Jeune Fille et la mort* de Gorki.

42. *M. Chaguinian (1888-1982), écrivain connue, « doyenne » des lettres soviétiques.*

43. T. Khrennikov, compositeur, dirige depuis quarante-cinq ans l'Union des compositeurs. Il a joué un rôle essentiel dans la mise en œuvre de la résolution de 1948 (voir note 20).

44. *Le poète Mandelstam, le scientifique N. Vavilov et le metteur en scène V. Meyerhold ont été tous trois victimes de la terreur stalinienne.*

45. *Campagne contre le cosmopolitisme de caractère antisémite à la fin des années 1940 et au début des années 1950.*

46. *A. Mikoyan (1895-1978), un des hauts dirigeants de l'URSS.*

47. *Exposition de peinture et sculpture en 1962. Les violentes réactions de N. Khrouchtchev aux œuvres « d'avant-garde » ont provoqué un raidissement durable de la politique culturelle en URSS.*

48. A. Alov et V. Naoumov, deux cinéastes qui ont constamment fait équipe.

49. M. Khoutsiev et S. Guerassimov, cinéastes.

50. E. Fourtseva, ministre de la Culture dans les années 1960, auparavant membre du Bureau politique du PCUS.

51. R. Chtchedrine et A. Spadavecchia, compositeurs.

52. *G. Sviridov, compositeur soviétique « officiel », connu pour sa musique chorale.*
53. G. Rojdestvenski, chef d'orchestre.
54. B. Ravenskikh, metteur en scène, « Artiste du peuple de l'URSS ».
55. *G. Fich, écrivain soviétique.*
56. *L'action se passe pendant le tournage du film* Une anecdote stupide *d'après la nouvelle de F. Dostoïevski. Ce film tourné en 1966 n'est sorti sur les écrans qu'en 1987.*
57. *I. Savtchenko (1906-1950), cinéaste soviétique.*
58. I. Boldyrev, compositeur.
59. E. Schiffers, cinéaste, écrivain et théologien.
60. E. Klimov, *réalisateur, auteur de l'*Agonie, etc.
61. *Goskino, secrétariat d'État au cinéma.*
62. *IFLI, Institut de philosophie, d'histoire et de littérature, établissement universitaire prestigieux qui a fonctionné à Moscou de 1931 à 1941.*
63. M. Tsvetaïeva, poète russe, s'est suicidée en 1941 ; M. Zabolotski, poète russe, déporté dans un camp sous Staline ; D. Kharms, poète russe, mort en prison sous Staline.
64. *A. Vvedenski et L. Oleïnikov, poètes russes appartenant avec D. Kharms et N. Zabolotski au mouvement des Obérioutes, morts en détention sous Staline.*
65. K. Ptitsa, chef des chœurs de la Radio soviétique, « Artiste du peuple de l'URSS ».
66. *A. Blok, grand poète russe du XXe siècle.*
67. D'après une vieille légende russe, la ville de Kitèj s'est enfoncée sous les eaux pour échapper à l'invasion des Tatares.

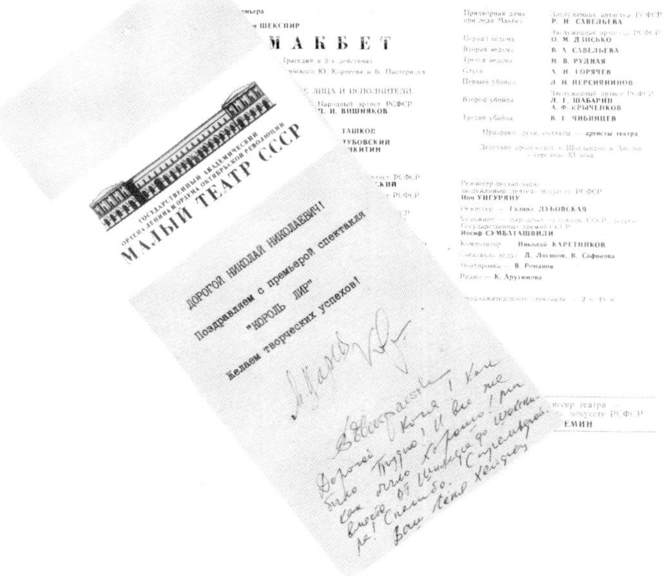

Programme de deux spectacles dont Karetnikov a fait la musique: *Le Roi Lear*, théâtre Malyi, *Macbeth*, théâtre de l'Armée Soviétique.

Nikolaï Karetnikov en 1973, entouré
de sa mère, Maria Karetnikova en 1930,
de son père, Nikolaï Guergueivitch Karetnikov en 1920
et de ses " parents spirituels " Schönberg, Berg et Webern.

Table

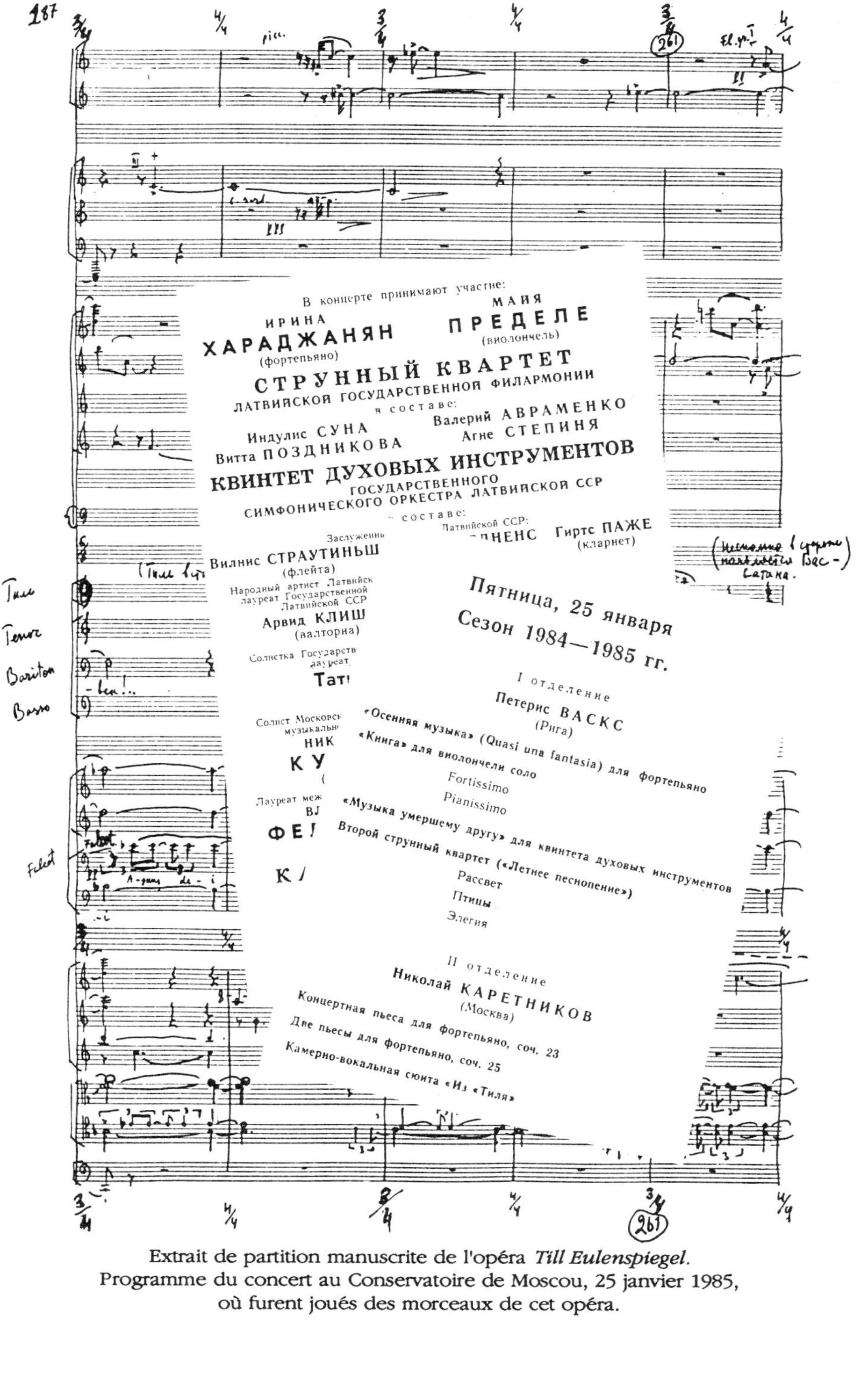

В концерте принимают участие:

ИРИНА ХАРАДЖАНЯН (фортепьяно)

МАЙЯ ПРЕДЕЛЕ (виолончель)

СТРУННЫЙ КВАРТЕТ
ЛАТВИЙСКОЙ ГОСУДАРСТВЕННОЙ ФИЛАРМОНИИ
в составе:
Индулис СУНА
Витта ПОЗДНИКОВА
Валерий АВРАМЕНКО
Агне СТЕПИНЯ

КВИНТЕТ ДУХОВЫХ ИНСТРУМЕНТОВ
ГОСУДАРСТВЕННОГО
СИМФОНИЧЕСКОГО ОРКЕСТРА ЛАТВИЙСКОЙ ССР
в составе:
Заслуженн
Латвийской ССР:
ДНЕНС
Гиртс ПАЖЕ (кларнет)
Вилнис СТРАУТИНЬШ (флейта)
Народный артист Латвийск
лауреат Государственной
Латвийской ССР
Арвид КЛИШ (валторна)

Солистка Государстве
лауреат
Тат

Солист Московс
музыкальн
НИК
КУ

Лауреат меж
ВЛ
ФЕ
К

Пятница, 25 января
Сезон 1984—1985 гг.

I отделение

Петерис ВАСКС
(Рига)

«Осенняя музыка» (Quasi una fantasia) для фортепьяно
«Книга» для виолончели соло
Fortissimo
Pianissimo
«Музыка умершему другу» для квинтета духовых инструментов
Второй струнный квартет («Летнее песнопение»)
Рассвет
Птицы
Элегия

II отделение

Николай КАРЕТНИКОВ
(Москва)

Концертная пьеса для фортепьяно, соч. 23
Две пьесы для фортепьяно, соч. 25
Камерно-вокальная сюита «Из «Тиля»

Extrait de partition manuscrite de l'opéra *Till Eulenspiegel*.
Programme du concert au Conservatoire de Moscou, 25 janvier 1985,
où furent joués des morceaux de cet opéra.

SUR UNE MISE EN PAGES DE GÉNIA LOUNGUINE
CET OUVRAGE A ÉTÉ ACHEVÉ D'IMPRIMER LE 25 DÉCEMBRE 1990
SUR LES PRESSES DE L'IMPRIMERIE HÉRISSEY À ÉVREUX
POUR LE COMPTE DE PIERRE HORAY ÉDITEUR À PARIS

N° d'édition : 823 – N° d'impression : 52659 – Dépôt légal : 4e trimestre 1990
Imprimé en France